COLEÇÃO DE MARKETING

1

fundamentos de marketing

conceitos básicos

Luciano Crocco
Renato Telles
(coord.) Ricardo M. Gioia
Thelma Rocha
Vivian Iara Strehlau

3ª edição revista e atualizada

Editora Saraiva

Editora Saraiva

Rua Henrique Schaumann, 270
Pinheiros – São Paulo – SP – CEP: 05413-010
PABX (11) 3613-3000

SAC **0800-0117875**
De 2ª a 6ª, das 8h30 às 19h30
www.editorasaraiva.com.br/contato

Diretora editorial Flávia Alves Bravin
Gerente editorial Rogério Eduardo Alves
Planejamento editorial Rita de Cássia S. Puoço
Editores Jean Xavier
Patricia Quero
Assistente editorial Marcela Prada Neublum
Produtores editoriais Alline Garcia Bullara
Amanda Maria da Silva
Daniela Nogueira Secondo
Deborah Mattos
Rosana Peroni Fazolari
William Rezende Paiva
Comunicação e produção digital Mauricio Scervianinas de França
Nathalia Setrini Luiz
Suporte editorial Juliana Bojczuk
Produção gráfica Liliane Cristina Gomes

Arte e produção Bum Design
Charges Bertrand Costilhes
Prod. editorial da 3ª Edição ERJ Composição Editorial
Capa Negrito Produção Editorial
Impressão e acabamento Edições Loyola

ISBN 978-85-02-19751-0

CIP-BRASIL. CATALOGAÇÃO NA FONTE
SINDICATO NACIONAL DOS EDITORES DE LIVROS, RJ.

Fundamentos de marketing : conceitos básicos / Luciano Crocco... [et al.]; Ricardo Marcelo Gioia (coordenador). – São Paulo : Saraiva, 2013 (Coleção de Marketing ; v.1)

ISBN 978-85-02-19751-0

1. Marketing. I. Gioia, Ricardo Marcelo. II. Série.

05-0601. CDD 658.8
CDU 658.8

3ª edição
1ª tiragem: 2013
2ª tiragem: 2014
3ª tiragem: 2015

352.614.003.003

sobre os autores

Luciano Crocco é doutor em Administração, com concentração em Marketing, pela Universidade de São Paulo (USP), mestre em Administração pela Pontifícia Universidade Católica de São Paulo (PUC-SP) e administrador e especialista em Marketing pela Fundação Getulio Vargas (FGV-SP). É professor de Marketing e Estratégia na FGV Management e na FIA, bem como na graduação da Universidade Presbiteriana Mackenzie, PUC-SP e da Impacta. É sócio-diretor da Brick Consulting Training & Education. Possui experiência profissional em cargos de gerência de planejamento estratégico e marketing em empresas como: Polaroid, Sabó Indústria e Comércio Ltda., Banco Crefisul e Liberty Paulista, além de clientes atendidos em consultoria: Ford do Brasil, Mercedez-Benz e Multibras. É também autor do livro *Consultoria empresarial*, em parceria com Erick Guttamann, publicado pela Editora Saraiva.

Renato Telles é doutor em Administração pela Faculdade de Economia, Administração e Contabilidade da Universidade de São Paulo (FEA-USP), mestre pela mesma instituição, com ênfase em Marketing e Finanças, e graduado em Economia pela FEA-USP, em Engenharia pela Escola Politécnica da USP e Física pelo Instituto de Física da USP. É professor dos cursos de MBA e graduação da Escola Superior de Propaganda e Marketing (ESPM) e de MBA da USP. Executivo e consultor, com 15 anos de experiência em áreas como marketing, exportação, controladoria, engenharia de produto, produção e qualidade e em setores como metal-mecânico, farmacêutico e telecom, atua hoje como executivo no setor de comunicação. É também autor dos livros *Planejamento estratégico: inventário básico de estratégias* e *B2B: marketing empresarial*, além de possuir diversos artigos publicados em revistas técnicas e de negócio.

Ricardo M. Gioia é mestre em Administração de Empresas pela Escola de Administração de Empresas de São Paulo da Fundação Getulio Vargas (FGV-SP) e graduado em Economia pela Faculdade de Economia, Administração e Contabilidade da Universidade de São Paulo (FEA-USP), com experiência de 14 anos nas áreas de marketing e planejamento estratégico em empresas como IBM, Tintas Coral e Trip Editora. Desenvolveu atividades profissionais no México, na Colômbia e na Venezuela e fez cursos nos Estados Unidos. É professor de Marketing nos cursos de graduação da Escola Superior Nacional de Seguros — São Paulo (ESNS-SP), entre outras atividades docentes, além de consultor empresarial.

Thelma Rocha é doutora em Administração de Empresas com ênfase em Marketing pela Faculdade de Economia, Administração e Contabilidade da Universidade de São Paulo (FEA-USP), mestre em Administração de Empresas pela Escola de Administração de Empresas de São Paulo da Fundação Getulio Vargas (FGV-Eaesp), com especialização em International Business pela SSE-Stockholm (Suécia) e graduada em Administração de Empresas pela FEA-USP. Profissional com 15 anos de experiência em marketing, sempre atuando em cargos gerenciais em empresas multinacionais como Credicard S.A., Mapfre Seguradora, MyWeb, Peppers and Rogers e CPM. É professora e pesquisadora pelo Programa de Mestrado em Gestão Internacional da Escola Superior de Propaganda e Marketing (ESPM). Autora do livro *A hora da recompensa*: *como obter sucesso através dos programas de fidelização*, em parceria com André Veloso, possui diversos artigos apresentados em revistas e congressos na área de marketing.

Vivian Iara Strehlau é doutora e mestre em Marketing e graduada em Administração de Empresas pela Escola de Administração de Empresas de São Paulo da Fundação Getulio Vargas (FGV-SP). No MBA da London Business School, Londres, integrou o Programme of International Management. É professora e pesquisadora do Programa de Mestrado em Gestão Internacional da ESPM e professora do Insper. Possui 15 anos de experiência docente em cursos de graduação e pós-graduação e cinco anos como responsável pelos cursos de pós-graduação na área de Marketing e dois como coordenadora do Curso Especial de Administração, ambos da Universidade Presbiteriana Mackenzie. Desenvolve pesquisas na área de Comportamento do Consumidor e Marketing Internacional, em especial sobre "marca país" e "marcas globais". Tem experiência em consultoria de marketing, principalmente em projetos de imagem corporativa e satisfação de clientes.

prefácio da terceira edição

Após pouco mais de três anos depois da última edição, nós, autores, nos sentimos orgulhosos pelo sucesso da Coleção de Marketing, conquistada graças ao gentil apoio de inúmeros colegas professores, também cientes de que é necessário sempre cuidar para que seu conteúdo continue útil aos seus leitores. Assim, renovamos o compromisso de manter atualizado o conteúdo da Coleção. Neste volume, especialmente, foram revistos alguns exemplos e conceitos de maneira pontual, sem sacrificar a unidade do texto. Dessa forma, acreditamos oferecer a docentes e estudantes de marketing informações, teorias e outros elementos que, aplicados na prática por bons profissionais, tornem o exercício do marketing uma atividade não somente rica e diversificada, mas também imprescindível para as organizações e benéfica para os consumidores.

O coordenador

prefácio da segunda edição

Quatro anos se passaram desde a primeira edição da Coleção de Marketing. Em apenas quatro anos, o mundo passou por transformações intensas. O Brasil, de "patinho feio" da cena global, passa a ser um membro respeitável de um grupo de importantes economias emergentes, conhecido como Bric, em referência a Brasil, Rússia, Índia e China. O fenômeno das redes sociais digitais — Orkut, Facebook, Twitter — expande-se a ponto de os especialistas caracterizarem a Internet 2.0 como a internet das redes sociais. Um grupo brasileiro, o JBS-Friboi, tornou-se a maior empresa do mundo no setor de alimentos de proteína de origem bovina e a maior empresa brasileira na área alimentícia. A Vale S.A., antiga Companhia Vale do Rio Doce, é a segunda maior mineradora diversificada do mundo e a maior empresa privada na América Latina. Em pouco tempo, o país se tornará também uma potência petrolífera mundial, com a descoberta das jazidas do pré-sal — a Petrobras já é a segunda maior empresa das Américas e a sétima do mundo. Em outras palavras, em quatro anos, fatos e eventos sucederam-se e causaram impacto no cotidiano das pessoas. O país mudou, e continua a mudar, com o resto do mundo.

Dessa maneira, percebeu-se a necessidade de uma segunda edição da Coleção de Marketing que contemplasse as novas realidades do Brasil, incluindo o fato observável de sua maior inserção no cenário internacional, suas empresas cada vez mais importantes — as "multinacionais brasileiras" —, paralelamente ao declínio de antigas marcas e ascensão de novas, fato costumeiro nos dinâmicos e mutáveis mercados competitivos.

Assim, procedeu-se a uma intensa busca de novos e melhores exemplos, bem como a um sempre possível refinamento de conceitos e termos de marketing. Também a ordem dos Capítulos 2 e 3 da primeira edição foi alterada, colocando-se em realce o importante tema do comportamento do consumidor, vindo a seguir, de forma encadeada, pesquisa de marketing.

Como estímulo para as diversas mudanças, contamos com a ajuda inestimável de inúmeros colegas professores e também — por que não? — de sugestões de alunos, de escolas de diferentes portes e vocações.

Assim, esperamos apresentar um produto renovado, obtido em grande parte das sinergias geradas pelo convívio intenso das salas de aula, sempre buscando, no ensino, a fonte da permanente aprendizagem.

O coordenador

apresentação

este Livro

Totalmente voltado para a realidade brasileira, suas singularidades e seus contrastes, sem abdicar do rigor conceitual, este livro aborda os temas mais atuais da área, em linguagem clara e precisa, com a inserção de exemplos e casos inéditos, frutos de nossa experiência em docência e pesquisa. Também é o primeiro volume da Coleção de Marketing, a qual busca proporcionar textos atuais, adequados para o aprendizado do marketing, seja em cursos de graduação, superiores tecnológicos, pós-graduação ou para autoaprendizado.

O tema Fundamentos de Marketing abrange os conteúdos habitualmente ministrados em disciplinas de caráter introdutório ao marketing. Ao fim da leitura do texto, espera-se que o leitor-estudante esteja familiarizado com conceitos-chave de marketing, por exemplo, produto, marca, orientações de marketing, bem como saiba identificar fatores que influenciam o comportamento do consumidor, a segmentação do mercado e o posicionamento do produto.

O conteúdo do livro foi planejado para atender a um curso de um semestre letivo, podendo o professor alterar a ordem de apresentação dos temas segundo seu critério.

Nesta terceira edição, importantes atualizações foram feitas, visando aprimorar a "legibilidade" e a fluência do texto, além de citar novos e mais recentes exemplos de bom marketing praticado no país.

nosso marketing — ou seja, nossa proposta de troca

A presente coleção tem por objetivo adicionar valor ao processo de ensino e aprendizagem de marketing, diferenciando-se das demais alternativas por seu foco no rigor com simplicidade e clareza, tornando mais eficiente e estimulante e menos enfadonho o desenvolvimento de conhecimentos em marketing. Além disso, a abrangência é completa, ou seja, todos os tópicos relevantes da disciplina serão cobertos em um ou mais capítulos dos livros da coleção.

Cada volume conterá capítulos estruturados em partes comuns, descritas a seguir:

- Objetivos do capítulo — marca de forma pedagógica os pontos de controle do aprendizado.
- Conteúdo — texto, gráficos e figuras que auxiliam no processo de aprendizagem. Sempre que possível, referências da internet são inseridas para ampliar a possibilidade de o leitor buscar por si mesmo mais fontes de pesquisa, expandindo, assim, seu interesse e seu domínio no tema.
- Estudando um caso — situações e problemas vividos por empresas e marcas conhecidas do leitor brasileiro, bem como as soluções encontradas.
- Lembretes — trechos do livro são destacados para estimular a fixação de conceitos.
- Resumo — repassa os conceitos abordados de forma concisa, também com o objetivo de estimular sua fixação.
- Questões para revisão e discussão — essa seção inclui algumas questões relativas aos principais aspectos do capítulo, relacionadas, portanto, com os objetivos de aprendizagem.

Para o professor, está disponível um site com *slides* de aulas, além de questões de múltipla escolha que podem ser aplicadas em aulas ou avaliações.

Para o aluno, o formato da coleção, em livros relativamente pequenos e individuais, com elevada qualidade gráfica, proporciona um preço competitivo, sem perda de qualidade.

Acreditamos entregar aos professores e estudantes brasileiros de Administração uma coleção de grande valor para o aprendizado do marketing, preenchendo uma lacuna existente no mercado editorial. Dessa forma, pensamos ter contribuído, de maneira muito modesta, para o ensino e o desenvolvimento do marketing em nosso país.

Os autores

sumário

CAPÍTULO 2 Comportamento do consumidor 35

CAPÍTULO 1

Conceitos e definições de marketing

Objetivos
do capítulo

O entendimento deste capítulo deve possibilitar ao leitor:

1. conceituar marketing;
2. enumerar e descrever os componentes do composto mercadológico;
3. especificar os diferentes tipos de demanda existentes por um bem ou serviço;
4. apontar as diferenças e a linha de evolução das orientações organizacionais com relação ao mercado;
5. analisar e ponderar a importância do macroambiente nas decisões de marketing;
6. conceituar valor e satisfação do cliente.

1.1 o conceito de marketing

Marketing é uma das *palavras da moda*. Frequentemente, jornalistas, religiosos, comentaristas esportivos e até animadores de programas de auditório a têm utilizado para *explicar* ou *comentar* determinados fatos, em geral relacionados a ações promocionais de certo produto, serviço ou pessoa. "Fulano está apenas fazendo marketing ao visitar tal lugar", "para vender mais, a empresa X está fazendo mais marketing na TV", "o que o Beltrano fez não passou de marketing pessoal" são afirmações que soam familiares para muitos.

Dessa forma — errônea —, o marketing tem adquirido um significado impreciso no senso comum, em grande parte negativo. Nada mais distante de seu propósito e de suas origens.

Marketing é um conceito bem mais amplo do que a simples divulgação de uma ideia, pessoa ou produto. Marketing não é somente propaganda; envolve uma série de atividades, que vão desde a concepção de um produto por uma empresa até sua entrega, consumo e descarte pelo cliente.

O conceito de marketing pode ser delimitado como **entender e atender as necessidades e anseios do público-alvo de uma organização**. Esta pode ser uma empresa com fins lucrativos, uma organização não governamental (ONG) ou uma entidade governamental sem fins lucrativos. Personalidades públicas, como artistas e políticos, também podem aplicar os conceitos e técnicas de marketing. Para todos é necessário, antes de tudo, entender seu público-alvo, que é a parcela do mercado que a organização tenta atingir. Seja no contexto global, seja no contexto brasileiro, existem diferentes culturas, religiões, maneiras de encarar a vida e, portanto, o consumo. Uma empresa que quiser vender alimentos altamente calóricos ou gordurosos a pessoas bem informadas, que estão tentando manter a saúde e uma "silhueta" esbelta, certamente encontrará problemas. Seria mais fácil, nesse caso, oferecer alimentos saudáveis — e ao mesmo tempo saborosos — a esse tipo de público. O marketing, assim, focaliza suas atenções no que o potencial cliente necessita, depois trata de viabilizar a satisfação dessa necessidade com bens ou serviços a ela adequados.

Como disciplina, o marketing começou a ser estudado no início do século XX. Nos primórdios, foram utilizados conceitos desenvolvidos em outras áreas, como o de elasticidade da economia. Conceitos emprestados da sociologia, da psicologia e da comunicação ajudaram na formulação da teoria do comportamento do consumidor. Hoje, o marketing já possui "identidade" própria, tendo incontáveis pesquisadores e praticantes no mundo, constantemente renovando ideias e práticas, com o objetivo permanente de propiciar as melhores alternativas de consumo aos clientes, sejam eles consumidores finais, sejam outras empresas que também consomem produtos.

1.1.1 Definição de marketing

São várias as definições existentes de marketing. Ao longo das últimas décadas, essas definições passaram por muitas alterações, refletindo tanto as mudanças das ciências sociais aplicadas, especialmente a administração, quanto as de seu objeto, os fenômenos ligados aos hábitos de consumo em geral.

Segundo Philip Kotler, "marketing é um processo social por meio do qual pessoas e grupos de pessoas obtêm aquilo de que necessitam e o que desejam com a criação, oferta e livre negociação de produtos e serviços de valor com os outros".[1]

A Associação Americana de Marketing (AMA, na sigla em inglês) define o marketing como "a atividade, conjunto de instituições e processos para criar, comunicar, entregar e trocar ofertas que possuem valor para consumidores, clientes, parceiros e a sociedade em geral".[2] Nesse sentido, fica claro que o marketing, por definição, deve "entregar valor" ao consumidor, ou seja, não criar produtos inúteis ou serviços ineficientes ou, ainda, emitir comunicação abusiva ou enganosa.

> **Marketing:** processo de dinamização e intensificação das trocas entre pessoas e organizações, com o objetivo de alcançar a satisfação recíproca de consumidores e produtores.

Portanto, **marketing** pode ser definido como o processo de dinamização e intensificação das trocas entre pessoas e organizações, com o objetivo de alcançar a satisfação recíproca de consumidores e produtores.

Contudo, quais seriam os objetivos do marketing? Para um dos mais renomados pensadores da Administração, Peter Drucker, "o objetivo do marketing é tornar a venda supérflua. A meta é conhecer e compreender tão bem o cliente que o produto ou serviço se adapte a ele e se venda por si só. O ideal é que o marketing deixe o cliente pronto para comprar. A partir daí, basta tornar o produto ou serviço disponível".[3] Do ponto de vista empresarial, foco desta obra, o mais importante objetivo do marketing é atrair e reter clientes, de forma lucrativa para a empresa. Do ponto de vista social, por sua vez, admite-se que a sociedade toda espera que a utilização do marketing por empresas e organizações em geral permita-lhes fornecer melhores bens e serviços, que sejam úteis, duráveis e não prejudiquem nem as pessoas, nem o meio ambiente.

Por essa premissa, observa-se que o marketing possui bases éticas, sendo elemento de desenvolvimento social.

Profissionais de marketing, assim, devem ter em vista todo esse conjunto de objetivos ao formular seus planos, políticas e decisões.

Nesse contexto, o marketing se aplica tanto a bens quanto a serviços, pessoas, ideias, localidades turísticas, até estabelecimentos de ensino, ou mesmo instituições religiosas de forma geral.

---

1 KOTLER, Philip. *Administração de marketing*: a edição do novo milênio. 10. ed. São Paulo: Prentice Hall, 2000. p. 30.

2 Disponível em: <http://www.marketingpower.com/>. Acesso em: 16 out. 2012.

3 DRUCKER, Peter. *Management*: tasks, responsibilities, practices. New York: Harper & Row, 1973. p. 64-65.

1.1.2 Composto mercadológico e administração de marketing

A execução do marketing se dá pela aplicação de técnicas ou programas às diversas dimensões ou variáveis passíveis de intervenção no "objeto" do marketing, isto é, o bem, o serviço, a ideia ou a pessoa.

Existem diversos modelos que enumeram as principais variáveis de marketing, sendo o mais destacado o de McCarthy, chamado modelo dos **4 Ps**, também conhecido como **composto mercadológico** ou **mix de marketing,** ou, ainda, **marketing mix**,[4] que relaciona as seguintes variáveis:

> **4 Ps, composto mercadológico ou mix** de **marketing** ou **marketing mix**: conjunto de ferramentas que propiciam as ações de marketing; é formado por produto, preço, praça e promoção. São as variáveis "sob controle" da organização.

- **Produto** — são as *características* de qualquer bem, serviço, ideia, pessoa, instituição etc. que potencialmente possui valor de troca. Entre essas características estão o design e a funcionalidade do produto em si, a embalagem, suas cores, seu aroma, seu sabor, a tipologia dos rótulos, entre outras.
- **Preço** — são as variáveis que refletem o *custo* do produto para o consumidor, como o preço propriamente dito, condições de pagamento, aceitação ou não de cartões de crédito etc.
- **Praça** — é tudo o que se relaciona à *distribuição*, localização física e logística envolvida para fazer um produto chegar às mãos do consumidor.
- **Promoção** — é o processo de *comunicação* ativa dos atributos e benefícios de um produto para o mercado-alvo pretendido. Para tanto, envolve a criação e veiculação de programas de propaganda, de relações públicas, além de venda pessoal.

> **4 Cs:** modelo alternativo ao tradicional modelo dos 4 Ps, que enfoca a perspectiva do público-alvo, incluindo cliente, custo, comodidade ou conveniência e comunicação.

As variáveis enumeradas pelo modelo dos 4 Ps, embora muito úteis da perspectiva pedagógica, refletem o ponto de vista da empresa sobre como dirigir sua oferta ao mercado. Tal ponto de vista é, de certa forma, contraditório com o conceito de marketing, de sempre buscar entender a ótica do consumidor. Assim, surgiu uma contrapartida à nomenclatura do modelo dos 4 Ps, o chamado modelo dos **4 Cs**,[5] cuja perspectiva é o foco no cliente. Dessa forma:

- O produto passa a ser visto da ótica do **cliente**.
- O preço, em função do **custo** para o cliente.
- A praça, em função da **comodidade** ou **conveniência** para o cliente.
- A promoção, em função da **comunicação**.

---

4 McCARTHY, J. E. *Marketing básico*. São Paulo: Atlas, 1997.

5 LAUTERBORN, Robert. New marketing litany: 4 Ps passe, C-words take over. *Advertising Age*, New York, v. 61, n. 41, p. 26, Oct. 1, 1990.

Como quer que se nomeiem as variáveis, 4 Ps ou 4 Cs, elas abrangem o conjunto de ações que os administradores de marketing devem desenvolver sob o conceito de marketing. O conjunto dessas ações chama-se **administração de marketing**. Assim, a administração de marketing preocupa-se com as ações que podem e devem ser executadas no produto, no preço, na distribuição e na comunicação, visando satisfazer clientes e consumidores e, ao mesmo tempo, propiciar lucro para as organizações ou pessoas que elaboram a oferta.

> **Administração de marketing:** conjunto de ações que os administradores de marketing devem desenvolver sob o conceito de marketing; preocupam-se com as ações que podem e devem ser executadas no produto, no preço, na distribuição e comunicação, visando satisfazer clientes e consumidores e, ao mesmo tempo, propiciar lucro para as organizações ou pessoas que elaboram a oferta.

Frequentemente, empresas desenvolvem planos de marketing, cujo propósito central é apresentar uma análise e as ações de marketing propostas para determinada marca, ou linha de produtos, para um determinado período de tempo. Logo, normalmente, os planos de marketing documentam a administração de marketing de uma organização.

Existe um modelo alternativo de visualizar o que seria a administração de marketing, definido pelo professor Raimar Richers, da Fundação Getulio Vargas (FGV), e conhecido como modelo dos "4 As"[6] — análise, adaptação, ativação e avaliação. A cada uma dessas fases corresponderia um grupo de tarefas realizadas ou coordenadas por profissionais de marketing: pesquisa de mercado (análise); prototipagem e testes de mercado (adaptação); distribuição (ativação); comunicação (ativação); e controle mercadológico do produto (avaliação). Em resumo, a administração de marketing teria como função, por meio das fases descritas, "entregar" o composto mercadológico (os 4 Ps) ao mercado. No entanto, tal modelo, bastante útil e original, não possui muitas referências na literatura internacional.

1.1.3 Marketing, concorrência e clientes

Pode-se dizer que, atualmente, a arena do marketing, em que as diferentes empresas buscam oferecer seus serviços, bens e marcas aos consumidores — o **mercado** —, está disseminada, de modo amplo, geográfica e socialmente. Já não faz sentido, de um ponto de vista racional e científico, propagar ideias que visem suplantar ou eliminar o mercado como melhor meio de propiciar bens e serviços à sociedade. Mesmo países que, no passado distante, se autointitulavam "socialistas", como a China, perceberam os benefícios de uma economia de mercado e ampla utilização do marketing pelas suas empresas.

> **Mercado:** arena do marketing, em que as diferentes empresas buscam oferecer seus serviços, bens e marcas aos consumidores. Usualmente, é sinônimo de "demanda" de um produto.

Com frequência, o termo "mercado" é utilizado como sinônimo de demanda de um produto, o que está em concordância com a preocupação básica do

[6] RICHERS, Raimar. *O que é marketing*. São Paulo: Brasiliense, 2003, n. 27. (Coleção Primeiros Passos).

marketing, que são os consumidores. Uma parcela específica do mercado que uma empresa pretende atingir denominamos público-alvo.

À medida que o tempo passa, mais e mais cada necessidade humana encontra sua possível *solução* ou satisfação por meio de diferentes empresas, que ofertam distintas *soluções* — que nada mais são do que o já mencionado composto mercadológico. Assim, o mercado, por meio da livre concorrência empresarial, gradualmente provê bens e serviços destinados a sanar as necessidades humanas. Empresas que não satisfazem, ou satisfazem ineficientemente tais necessidades, estão fadadas a serem "expulsas" do mercado, seja pela incorporação por outras empresas maiores, seja pela falência ou pelo fechamento puro e simples. Daí a importância crucial do marketing: sem ele, uma empresa pode rumar à extinção.

Esse conceito pode ser visualizado por meio da Figura 1.1; nota-se que alguns atributos que um produto ou serviço oferecem não são valorizados por seus clientes e, assim, tornam-se redundantes. No entanto, muitas empresas ofertam produtos com características semelhantes às dos concorrentes e, dessa maneira, tais produtos não são vistos como diferenciados. Os espaços em que nenhum fornecedor consegue atender às necessidades de seus clientes passam a ser oportunidades para novos concorrentes e, por fim, o espaço em que somente um fornecedor preenche as necessidades dos clientes torna-se o diferencial desse fornecedor. O *círculo* que representa o cliente está em constante movimento, pois as necessidades dele também mudam continuamente.

Figura 1.1 Relações do mercado

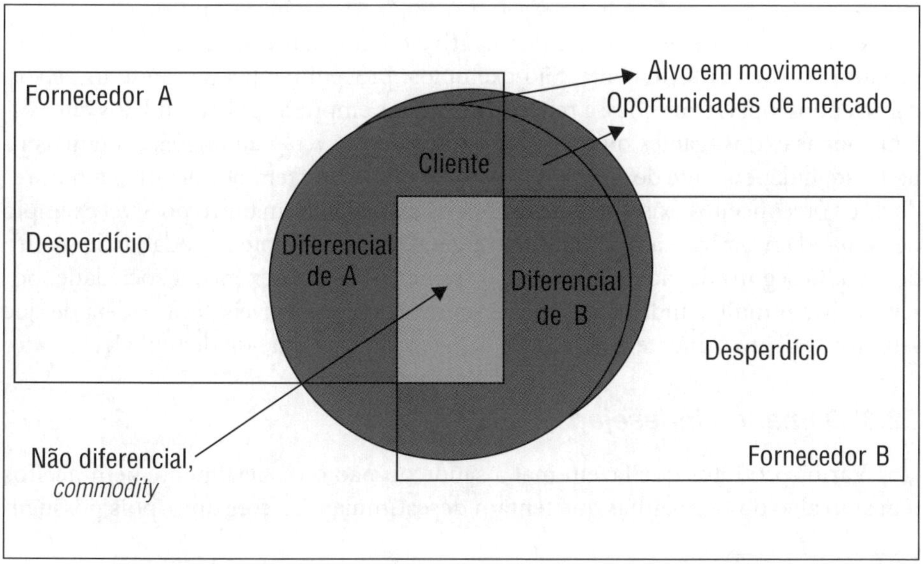

Fonte: elaborada pelos autores.

1.2 o marketing e os tipos de demanda

Demanda é o grau de procura de um produto pelo público-alvo. Para tanto, é necessária a conjugação de uma necessidade efetiva do potencial cliente, seu desejo de adquirir um produto que satisfaça essa necessidade, e, muito importante, um poder de compra compatível com o preço do produto. As empresas devem verificar as constantes mudanças nas necessidades de seus clientes e utilizar o marketing para, quando possível e desejado, alterar os estados de demanda de seus produtos. Os estados de demanda podem ser classificados da seguinte forma:[7] demanda inexistente; demanda negativa; demanda indesejada; demanda latente; demanda irregular; plena demanda; demanda excessiva; e demanda em declínio.

1.2.1 Demanda inexistente

Quando o público-alvo não tem interesse em um produto ou desconhece seus eventuais benefícios, dizemos que tal produto tem **demanda inexistente**. É a demanda mais difícil de ser alterada. Por exemplo, apesar de o latim ser a base linguística de idiomas como francês, italiano, espanhol e português, seu aprendizado não desperta interesse na maioria das pessoas.

1.2.2 Demanda negativa

O mercado apresenta **demanda negativa** quando a maior parte dele rejeita um produto ou o evita fortemente. São exemplos: procedimentos de saúde invasivos, como endoscopias e injeções; a rejeição de muitas empresas por candidatos que vestem roupas extravagantes ou usam adornos como *piercing* na língua, ou tatuagens no rosto, independente de sua capacitação. O marketing tem por objetivo tentar reduzir os preconceitos existentes em ambos os exemplos. Um outro possível exemplo de demanda negativa é a dos seguros em geral, especialmente a modalidade seguro de vida. O seguro de vida é um serviço tremendamente benéfico à sociedade; porém, existem muitos indivíduos que se sentem desconfortáveis com a ideia de que seu investimento somente terá retorno — a terceiros — quando de seu falecimento.

1.2.3 Demanda indesejada

Vários produtos que fazem mal à saúde ou não são socialmente bem-aceitos têm sido alvo de campanhas que tentam desestimular seu consumo, pois possuem

[7] Ver KOTLER, Philip. The major tasks of marketing management. *Journal of Marketing*, New York, p. 42-44, Oct. 1973; e KOTLER, Philip; LEVY, Sidney, J. Demarketing, yes, demarketing. *Harvard Business Review*, Boston, p. 74-80, Nov./Dec. 1971.

uma **demanda indesejada**. São exemplos a pornografia, alguns tipos de jogos ou *games* eletrônicos e produtos que gerem dependência química em geral, incluindo cigarros e bebidas alcoólicas. Nesse caso, o marketing tem pela frente dilemas éticos, pois, a par de perceber que certos produtos não são "bem-vistos" por grande parte da sociedade, há de se reconhecer os direitos individuais de seus consumidores, diminuindo potenciais conflitos entres estes últimos e os demais. Por exemplo, nas sociedades muçulmanas, é terminantemente proibida a ingestão de bebidas alcoólicas — mas os não muçulmanos poderiam ter a prerrogativa individual de consumi-las, exercendo seu livre-arbítrio.

1.2.4 Demanda latente

Os produtos existentes não conseguem atender a todas as necessidades dos consumidores, sempre havendo espaço para inovações. No caso da **demanda latente**, o objetivo consiste em detectar essas necessidades e verificar a viabilidade comercial de atendê-las. São exemplos possíveis as vacinas contra males que afligem atualmente a humanidade, como malária e Aids. Assim, grandes oportunidades de negócios estão "escondidas", à espera de empreendedores com visão de marketing.

1.2.5 Demanda irregular

Vários produtos possuem uma sazonalidade em seu consumo, isto é, uma **demanda irregular**. Essa variação pode ocorrer até mesmo durante certos períodos do dia. O McDonald's já fez promoções de redução de preço dos seus sanduíches entre 15h e 18h, com o objetivo de incentivar as pessoas a frequentar seus restaurantes nesse horário. Cinemas em geral sabem que, às segundas e terças-feiras, a demanda por seus serviços é muito reduzida quando comparada à dos fins de semana.

1.2.6 Plena demanda

Quando as empresas conseguem atingir o total de vendas de sua capacidade produtiva, dizemos que seus bens ou serviços têm **plena demanda**. Atingido esse estágio, o grande desafio será mantê-lo. Por exemplo, devido ao constante crescimento da economia brasileira na última década, há inúmeros setores apresentando "gargalos", ou seja, não conseguem atender adequadamente a demanda existente. Portos, aeroportos, rodovias, telecomunicações e energia elétrica são exemplos de serviços que se encontram operando no limite da capacidade instalada. Alguns deles são operados pelo Estado, e sua privatização poderia levar a uma grande ampliação dessa capacidade. Caso não haja expansão dessas atividades essenciais ao restante do país, o próprio crescimento econômico do país todo poderá ser comprometido. Cabe ao marketing identificar tais gargalos e formular propostas que sejam viáveis e interessantes para que o setor público abra mão de seu controle sobre as operações citadas.

Explore mais em:
<http://www.itaipu.gov.br> e
<http://www.estadao.com.br/noticias/impresso,gargalo-no-transporte-,786049,0.htm>. Acesso em: 16 out. 2012.

1.2.7 Demanda excessiva

Quando a empresa não consegue atender à demanda total de seus produtos, dizemos que enfrenta uma **demanda excessiva**. Por exemplo, imagine um hospital ou uma universidade públicos, que prestam serviços gratuitamente à população. Pode-se observar, de forma constante, uma demanda maior que a oferta total de serviços, o que obriga essas organizações a recorrer ao controle do fluxo — no caso dos hospitais, transferindo pacientes, e, no caso das universidades, instituindo processos seletivos (vestibulares) que ajustem o número de ingressantes à sua capacidade. No entanto, a solução a longo prazo é o aumento da capacidade de atendimento, com a melhoria dos processos e ampliação das instalações físicas. No caso de empresas privadas, a curto prazo, a solução para demanda excessiva é um ajuste nos preços.

1.2.8 Demanda em declínio

Um produto pode ter seu consumo diminuído e chegar até mesmo a desaparecer do mercado. Cabe ao marketing verificar o porquê desse processo e, caso ele seja irreversível, fazer que o declínio não seja prejudicial aos consumidores habituais do produto, tampouco provoque prejuízo à empresa. Por exemplo, com o surgimento do *digital versatile disc*, mais conhecido pela sigla DVD, as vendas de aparelhos de videocassete entraram em declínio. O desenvolvimento que esse produto vinha apresentando foi praticamente eliminado, assim como sua própria propaganda, sinalizando aos consumidores sua breve extinção.

Mercado-alvo: mercado que a empresa deseja atender e satisfazer.

Para que a demanda seja alterada ou mantida pelo marketing, é necessário utilizar as variáveis de produto, preço, distribuição e promoção, com o objetivo de atingir as necessidades específicas do mercado-alvo selecionado e, assim, buscar os resultados esperados pela organização. Para tanto, a empresa deverá orientar-se para a atividade de marketing que melhor atenda às necessidades do mercado-alvo, entendendo-se **mercado-alvo** como aquele que a empresa deseja atender e satisfazer.

1.3 as orientações organizacionais com relação ao mercado

Nem sempre as empresas mantiveram o foco de suas atenções administrativas no mercado. Na realidade, uma parcela considerável das organizações, mesmo hoje em dia, ainda não valoriza devidamente o conceito de marketing. Esse fenômeno, oriundo da evolução histórica da empresa moderna, ainda persiste por razões ligadas à natureza dos produtos e mercados, como veremos a seguir.

1.3.1 A orientação para produção

Originalmente, todas as empresas eram orientadas para a produção, e aquelas que, ainda hoje, possuem essa orientação acreditam que seu público-alvo é formado por pessoas que valorizam produtos de baixo custo e fáceis de serem encontrados. Quando Henry Ford concebeu a linha de montagem, logo amplamente copiada, inaugurou a produção em massa, na qual a lógica era produzir os produtos na maior quantidade possível e, assim, conseguir uma redução de seu custo por meio da economia de escala de produção. Com custos mais baixos, viabiliza-se um baixo preço ao consumidor final. Muitas empresas de serviços possuem essa orientação. No Brasil, são exemplos típicos dessa orientação o setor de serviços médicos — talvez em razão das tabelas de procedimentos estabelecidas pelas operadoras de saúde, em geral, baixas quando comparadas com o mercado —, além do setor de aviação civil, em que pequenas e grandes empresas disputam os clientes não com base na pontualidade ou conforto das aeronaves, mas sim em função do baixo preço dos bilhetes.

1.3.2 A orientação para produto

As empresas que seguem essa orientação acreditam que seu público-alvo prefere produtos inovadores ou com qualidade e desempenho superiores aos dos concorrentes. O desafio consiste na busca constante do aprimoramento do produto, independente do que o mercado sinalize. A Apple, detentora das marcas iPad e iPhone, entre outras, é um bom exemplo de empresa orientada para o produto, pois, apesar de grandes investimentos em propaganda, dedica a maior parte de seus esforços organizacionais a aprimorar sua tecnologia, buscando novas características e vantagens de desempenho do produto. Tal postura não é rara em empresas produtoras de bens ou serviços com alto conteúdo tecnológico, como é o caso histórico do lançamento do primeiro modelo de *walkman* pela Sony, concebido sem nenhuma pesquisa de mercado.

Explore mais em:
<http://www.time.com/time/nation/article/0,8599,1907884,00.html>.
Acesso em: 16 out. 2012.

1.3.3 A orientação para vendas

As empresas que seguem essa orientação acreditam que seu público-alvo, por vontade própria, não comprará seus produtos com a frequência e a quantidade desejadas sem que haja um efetivo esforço promocional e de vendas. Empresas desse tipo são relativamente fáceis de identificar, pois fazem grandes investimentos em propaganda e possuem agressivas políticas de distribuição e vendas. No Brasil, poderíamos enumerar, entre outras:

- Grupo Sílvio Santos, com produtos como os cosméticos de marca Jequiti e o título de capitalização TeleSena;
- as Casas Bahia, maior varejista de móveis e eletrodomésticos do país.

O que caracteriza essa orientação é o fato de a organização se preocupar com o cliente até o momento da aquisição do produto. Pequenas e médias empresas, especialmente do varejo, podem cair com facilidade nessa verdadeira armadilha. Não se quer dizer aqui que as empresas devam relegar propaganda ou venda pessoal para um segundo plano. No entanto, de que adianta muita propaganda e esforço de vendas se o mercado não estiver disposto a adquirir o produto? Ou se o mercado somente aceitar o produto a um preço aviltante, pouco lucrativo? Por esse motivo, é recomendável às empresas envolverem-se, antes de tudo, com a compreensão do mercado, que, afinal, será o verdadeiro juiz da validade ou utilidade do produto lançado.

1.3.4 A orientação para marketing

As empresas que seguem essa orientação sabem que seu público-alvo é informado — ou no mínimo tem acesso cada vez mais amplo à informação — e procura produtos ou serviços que possuam maior valor que os concorrentes. Em premiado artigo, Theodore Levitt diferenciou, de forma definitiva, as orientações para vendas e para marketing:

> A diferença entre marketing e vendas é mais que semântica. Vendas se concentram nas necessidades do vendedor, marketing, naquelas do comprador. Vendas se preocupam com a necessidade do vendedor, de converter seu produto em dinheiro, marketing com a ideia de satisfazer as necessidades dos clientes por meio do produto e de todo o conjunto de ideias, conceitos, pesquisas e serviços associados à sua criação, entrega e consumo final.[8]

Por meio da orientação para marketing, as empresas têm procurado permanentemente a satisfação de seus clientes, e isso lhes tem rendido maior participação de mercado. Um exemplo de sucesso é o excelente desempenho das Fraldas

---

[8] LEVITT, Theodore. Miopia em marketing. In: ______. *A imaginação do marketing*. 2. ed. São Paulo: Atlas, 1991. p. 158.

Pampers, da P&G, continuamente registrada em pesquisas do tipo "top of mind". O produto não é dos que mais investiram em propaganda para o seu lançamento, porém o excelente esquema de distribuição, além da qualidade do produto, fruto de extenso trabalho de pesquisa entre os consumidores, garantiu uma sólida participação de mercado e reconhecimento de marca.

Explore mais em:
<http://www1.folha.uol.com.br/especial/2011/topofmind/>.
Acesso em: 16 out. 2012.

1.3.5 Novas orientações: o marketing de responsabilidade social

Empresas que possuem orientação para marketing podem buscar aprimorar sua imagem de marca por meio de fórmulas adequadas ao momento pelo qual passa a sociedade. Por exemplo, o envolvimento em programas que gerem benefícios a setores menos favorecidos da comunidade. Assim, surge um aperfeiçoamento da orientação *para marketing*, que é o marketing de responsabilidade social.

A **responsabilidade social** pode ser exercida de diversas formas por uma empresa. Entre estas, podem ser citadas:

- destinar parte de seus lucros para programas sociais — alfabetização e saúde, por exemplo — voltados às comunidades nas quais atuam;
- doações para campanhas de arrecadação de fundos com fins filantrópicos, como o Teleton ou o Criança Esperança;
- forte envolvimento da empresa com o meio ambiente e a sustentabilidade de suas atividades e das comunidades relacionadas à empresa — por exemplo, fornecedores de fragrâncias silvestres da empresa de cosméticos Natura.

A Natura é um excelente exemplo de empresa que atua com responsabilidade social. Essa empresa busca sempre obter matérias-primas de origem natural, extraídas de forma ambientalmente sustentável, que ajudem a preservar o modo de vida das comunidades distantes de onde provêm. Em sua página na internet, consta que

> desenvolvimento sustentável é uma questão que está em nossa essência, e se expressa na maneira como pensamos e fazemos negócios. [...] A conservação do meio ambiente e [...] o desenvolvimento local, [...] juntos, mantêm o equilíbrio da vida. [...] Patrocinamos iniciativas com foco em Áreas Verdes Urbanas e Empreendedorismo Social.[9]

[9] Disponível em: <http://www2.natura.net/Web/Br/Inst/SupSponsor/swf/index.swf?secao=2>. Acesso em: 16 out. 2012.

Cada vez mais os consumidores estão conscientes da responsabilidade de todos, especialmente das empresas, na melhoria das condições sociais e preservação do meio ambiente. Empresas que não estejam atentas a esses tópicos, talvez por considerá-los "externos" ou alheios ao negócio, correm sério risco de perder importantes fatias de mercado ou, em última instância, serem forçadas a encerrar suas atividades.

Explore mais em:
<http://www.natura.net>

Alguns autores, como Churchill e Peter,[10] denominam essa modalidade de *marketing orientado a valor*.

1.4 o marketing e a análise do macroambiente

Macroambiente: envolve os ambientes econômico, político-legal, sociocultural, competitivo, tecnológico e natural. No macroambiente, atuam importantes *stakeholders*, tais como os concorrentes, fornecedores, clientes, intermediários, grupos de opinião e pressão, organizações não governamentais, a comunidade na qual a empresa está inserida, o setor público ou outros públicos com os quais a empresa se relaciona.

O marketing — assim como a administração — pode ser considerado um ramo das ciências sociais aplicadas. Assim, por sua própria natureza, não é planejado ou executado abstraindo-se da realidade que cerca as pessoas, empresas e organizações em geral. Pelo contrário, para ser bem-sucedido, necessita de uma aguda percepção da situação atual e das mais sutis tendências de mudança a longo prazo.

Os profissionais de marketing precisam estar cientes de que vivem os impactos da chamada sociedade da informação, em que o conhecimento é cada vez mais requerido em quantidade e qualidade, para fins de elaboração do produto. Quais tipos de informação são requeridos para uma adequada consecução de programas de marketing? De forma geral, deve-se possuir uma visão ampla do chamado **macroambiente**, o qual envolve os ambientes econômico, político-legal, sociocultural, competitivo, tecnológico e natural. No macroambiente, atuam importantes *stakeholders*, tais como concorrentes, fornecedores, clientes, intermediários, grupos de opinião e pressão, organizações não governamentais, a comunidade na qual a empresa está inserida, o setor público ou outros públicos com os quais a empresa se relaciona. Os participantes desse macroambiente são capazes de empreender ações, mobilizar opiniões ou, ainda, exercer forças que podem determinar impactos positivos ou negativos no desempenho da organização.

[10] CHURCHILL, Gilbert A.; PETER, J. Paul. *Marketing*: criando valor para os clientes. 2. ed. São Paulo: Saraiva, 2005.

A empresa possui variáveis internas, que são controláveis por ela, como produto, preço (salvo em mercados com preços regulados), praça e promoção. Ao mesmo tempo, existem as variáveis externas, que a empresa não pode controlar, mas nem por isso impossíveis de serem previstas, analisadas, adaptadas ou contornadas — por exemplo, crescimento ou desaquecimento econômico. O desafio a ser vencido está no adequado ajustamento das variáveis internas e controláveis da empresa com as variáveis externas, oriundas do macroambiente. A seguir, os componentes do macroambiente serão comentados.

1.4.1 Ambiente econômico

Por ambiente econômico entendam-se as tendências das variáveis econômicas que afetam a demanda e a oferta de bens e serviços nos mercados em que a empresa atua ou pretende atuar, como as descritas a seguir.

- Crescimento ou queda do Produto Interno Bruto (PIB) — o PIB de um país representa a soma do valor monetário de todos os bens e serviços nele produzidos durante determinado período. As avaliações sobre as variações do PIB são geralmente trimestrais e, no fim de cada ano, é divulgada a taxa anual, considerada a mais importante. Taxas positivas e crescentes melhoram o ânimo dos investidores, resultando em aumento de oportunidades de emprego e lançamento de novos produtos e serviços. As pessoas se sentem mais seguras em gastar um pouco mais em vez de poupar. Pequenas taxas de crescimento ou taxas negativas podem significar oportunidades de negócio para produtos considerados mais populares ou serviços com mesmo nível de qualidade, porém com menor preço. Uma queda consecutiva por mais de dois períodos no PIB é considerada, tecnicamente, uma "recessão".
- Desemprego e diminuição do poder de compra — quando o PIB não cresce o suficiente para absorver aquelas pessoas que desejam ingressar no mercado formal de trabalho, caracteriza-se uma situação econômica de desemprego. A primeira consequência é a diminuição do poder de compra dos consumidores, devido à diminuição de sua renda, gerando um ciclo perverso em toda a economia, pois, com renda menor, o consumidor consome menos e, portanto, a indústria vende menos; vendendo menos, precisa de um número menor de funcionários, o que gera maior desemprego e assim por diante.
- Níveis de poupança e de consumo — a poupança de um país é conseguida por meio do excedente de renda que as pessoas conseguem guardar. Quando os agentes econômicos percebem que o PIB está em queda, tendem a postergar o máximo possível o consumo. No entanto, quando a economia está em expansão, os agentes econômicos sentem confiança para gastar mais.

- Inflação e taxa de juros — um dos instrumentos mais utilizados para conter a inflação tem sido a variação da taxa de juros. Por meio do Sistema Especial de Liquidação e Custódia (Selic) — a taxa de juros praticada pelo Banco Central do Brasil —, o governo estimula ou desestimula a produção e o consumo internos. Sempre que a inflação dá sinais de aquecimento, o governo sobe a taxa de juros como forma de inibir o consumo de bens e produtos e, assim, iniciar o ciclo de desaquecimento da economia. Caso contrário, os agentes econômicos teriam uma oportunidade de aumentar a sua margem de lucro em razão do aumento do consumo. Sempre que a demanda é maior do que a capacidade produtiva, há natural tentativa de elevar o preço. Cabe, então, ao governo agir de forma que as empresas se sintam incentivadas a aumentar sua capacidade produtiva em vez de subir seus preços.

1.4.2 Ambiente político-legal

O ambiente político-legal abrange as tendências relativas a leis, códigos, instituições governamentais e correntes ideológicas que possam afetar a empresa. Nessa categoria, cabe analisar, por exemplo, o poder dos chamados grupos de interesse. Determinados grupos sociais possuem interesses em comum e, quanto maior for o seu poder econômico ou de associação, poderão lutar por seus interesses de maneira mais organizada. São exemplos de tais grupos a Federação Brasileira de Bancos (Febraban), a Federação das Indústrias do Estado de São Paulo (Fiesp) e a Central Única dos Trabalhadores (CUT). Partidos políticos ou movimentos que defendem posições programáticas consistentes, como os "verdes" em diversos países, incluindo-se o Brasil, também fazem parte do ambiente político-legal. A diversidade de atores nesse ambiente não se limita aos "verdes": movimentos feministas, grupos de afirmação LGBT, defensores de etnias específicas, como negros e indígenas, também podem, de maneira direta ou indireta, afetar a concepção, a distribuição e a comunicação de bens e serviços.

Outro item de análise nesse ambiente é a regulamentação legal, seja a específica do produto, seja a geral, como o Código de Defesa do Consumidor (CDC). Por exemplo, com a aprovação do CDC, as embalagens passaram a incluir inúmeras informações sobre o produto.

Nessa área, tampouco podem ser ignoradas as organizações não governamentais, cuja finalidade é alertar os consumidores a respeito de práticas que sejam lesivas a seus interesses. Entre tais organizações, podemos citar o Instituto Brasileiro de Defesa do Consumidor (Idec).

Explore mais em:
<http://www.idec.org.br>

Além do Código, outros diplomas legais vêm provocando mudanças na maneira de as empresas exporem seus produtos. Os fabricantes de cigarros foram obrigados a exibir fotos e alertas sobre os efeitos maléficos do tabaco. Da mesma maneira, as empresas de bebidas alcoólicas tornaram-se recentemente alvo de vários grupos de pressão, em virtude dos inúmeros acidentes causados por pessoas alcoolizadas; em decorrência disso, os fabricantes têm inserido avisos de precaução em seus anúncios. O governo pode, por meio de legislação específica, criar mecanismos que regulem determinada atividade ou setor da economia, bem como criar condições para que haja maior competitividade. Anúncios podem ter sua veiculação proibida caso assim julgue apropriado o Conselho Nacional de Autorregulamentação Publicitária (Conar), como foi o caso da propaganda impressa de uma conhecida marca de azeite português.

Explore mais em:
<http://www.ecofinancas.com/noticias/conar-decide-anuncio-azeite-gallo-deve-ser-alterado-ultimas-economia>. Acesso em: 16 out. 2012.

Figura 1.2 Capa da Revista do IDEC, n. 162

Fonte: Disponível em: <http://www.idec.org.br/em-acao/revista/diferenca-que-incomoda/materia/na-rota-dos-organicos>. Acesso em: 16 out. 2012.

Outros exemplos são a Agência Nacional de Telecomunicações (Anatel) e a Agência Nacional de Energia Elétrica (Aneel), as quais regulam contratos de gestão, relacionamento com consumidores, níveis de instalação e operação, reajustes tarifários, entre outros parâmetros definidos em lei.

Explore mais em:
<http://www.aneel.gov.br> e <http://www.anatel.gov.br>

Empresas que não estejam atentas a detalhes do ambiente político-legal podem ver-se em apuros sérios, desde pequenas multas até longas contendas judiciais, como a que envolve a questionada fusão entre a empresa do setor de alimentos Nestlé e a Chocolates Garoto. Neste caso, o órgão de defesa da concorrência no país, o Conselho Administrativo de Defesa Econômica (Cade), rejeitou tal fusão, por considerá-la prejudicial à concorrência — e, portanto, ao consumidor. O processo se arrasta há anos na justiça brasileira, e seu impacto não se limita às empresas diretamente afetadas, porém influi na decisão de outras empresas em adquirir ou fundirem-se...

Explore mais em:
<http://exame.abril.com.br/negocios/empresas/noticias/cade-tende-a-manter-decisao-sobre-nestle-garoto-diz-furlan>. Acesso em: 16 out. 2012.

1.4.3 Ambiente tecnológico

Nesta categoria, inserem-se as tendências relativas ao conhecimento humano que possam influenciar (ou tornar obsoleto) o uso de determinadas matérias-primas e insumos ou o emprego de determinados processos operacionais e gerenciais.

O desenvolvimento da tecnologia pode proporcionar grandes avanços nos mais diversos e distintos campos, como na medicina e na agricultura. Ao mesmo tempo, algumas empresas podem beneficiar-se desse desenvolvimento — por exemplo, por meio de patentes —, enquanto outras verão seu produto ficar obsoleto, com a demanda estagnada ou declinante.

Uma tendência global vinculada ao ambiente tecnológico é a crescente informatização da vida de todas as pessoas e empresas, o que está gerando uma grande revolução em todos os setores. Muito se tem dito sobre um futuro não muito distante, no qual boa parte do varejo será somente virtual. Agências bancárias deverão tornar-se escassas, dando lugar apenas para transações eletrônicas. *Shopping centers* podem tornar-se obsoletos. Caso isso se concretize, uma revolução no setor imobiliário poderá ocorrer em razão do excesso de imóveis disponíveis.

Ainda que muitas tendências proclamadas não possam ser verificadas de imediato, proliferam a todo momento opções de atuação do marketing por meio de ferramentas da internet. Redes sociais, como o Twitter e o Facebook, podem conter páginas de empresas, nas quais usuários ou potenciais clientes interagem com representantes treinados em comunicação social. Gerentes de venda podem controlar melhor suas equipes via Twitter, uma rede social de *microblogs*, abandonando os ultrapassados relatórios em papel. Grandes varejistas do "mundo real" realizam uma parcela cada vez maior de seu faturamento pelas vendas via internet, como Casas Bahia e Lojas Americanas. A chamada Internet 2.0 marca o fim da internet somente como repositório de "páginas frias" ou mera utilização do e-mail, para a propagação de páginas verdadeiramente interativas e a massificação das redes sociais.

Empresas e profissionais que não estiverem atentos a esses movimentos do ambiente tecnológico serão como personagens de filmes de zumbis: mortos, mas sem se darem conta disso.

Explore mais em:
<http://www.facebook.com/> e <http://twitter.com/>

1.4.4 Ambiente sociocultural

O ambiente sociocultural engloba as tendências relativas a crenças básicas, valores, normas e costumes sociais nas comunidades com as quais a empresa interage, inclusive aquelas que possam alterar o desenvolvimento futuro dessa empresa. Os valores são representados pelas crenças que as pessoas têm sobre a vida e o comportamento socialmente aceitável. Eles determinam o estilo de vida dos indivíduos, e isso pode representar uma oportunidade mercadológica para as empresas desenvolverem produtos e serviços que levem em consideração os mais diferentes estilos de vida existentes. Por exemplo, há pouco tempo, os preservativos eram vendidos somente nas farmácias, e as pessoas, quando os adquiriam, sentiam-se embaraçadas. Após o surgimento da Aids e a forte campanha de incentivo como forma de prevenção da doença, a venda desse produto passou a ser feita também em supermercados e, atualmente, os consumidores adquirem o produto com muito menos constrangimento do que a geração anterior.

A chamada Geração Y, referente a pessoas nascidas a partir de 1980, que sucedeu a chamada Geração X, possui entre suas características a aceitação da diversidade de raças, religiões e ambientes, ser ecologicamente correta e socialmente justa. Além disso, os membros dessa nova geração, por terem crescido em um ambiente em que a tecnologia da informação e comunicação expande-se e atualiza-se a cada instante, possui uma enorme familiaridade com internet, redes sociais, mensagens via telefonia celular etc. A se confirmar essa tendência, ações de marketing social ganharão cada vez mais força, pois os consumidores valorizarão ainda mais as empresas que demonstrarem preocupação com a responsabilidade social e ambiental. Além disso, empresas que não souberem expressar-se na linguagem e nas novas mídias disponíveis e utilizadas pela Geração Y tenderão a perder atratividade, bem como a observar seus consumidores envelhecerem e seus concorrentes conquistarem maior fatia de mercado.

Explore mais em:
<http://www.youtube.com/watch?v=I8ig6DxCnGY>. Acesso em: 16 out. 2012.

A análise de tendências relativas a características da população, que possam ter implicações no direcionamento das atividades futuras da empresa, também se encontra entre as preocupações dos executivos de marketing. Altas taxas de natalidade em certas regiões do país ou do mundo apresentam oportunidades de mercado, por exemplo, no setor de alimentos infantis, vacinas, fraldas, entre outros. Já baixas taxas de natalidade, que são frequentemente acompanhadas de aumento da expectativa de vida e renda média, significam oportunidades para empresas de serviços como turismo e lazer para a terceira idade, planos de previdência privada ou lançamentos imobiliários voltados a um público de maior poder aquisitivo.

Além das taxas de crescimento populacional, a mera observação da pirâmide populacional de um país ou região pode ser reveladora. No Brasil, pouco mais de 44 milhões, de um total de mais de 180 milhões de habitantes, têm entre 20 e 34 anos de idade. A concentração em determinadas faixas etárias pode indicar maior mercado para produtos a elas direcionados.

Explore mais em:
<http://www.ibge.com.br>

As empresas devem igualmente estar atentas a movimentos que alteram a distribuição geográfica da população, seja para enfrentar os concorrentes locais, seja para ganhar presença em novos mercados regionais, como o interior de São Paulo e a fronteira agrícola do Centro-Oeste brasileiro, um novo destino da migração populacional, antes dirigida aos grandes centros urbanos, especialmente São Paulo e Rio de Janeiro.

1.4.5 Ambiente natural

A exploração do ambiente natural, ou físico, pode gerar grande vantagem diferencial para as empresas, quando feita de maneira consciente e sustentável. Entretanto, se uma empresa explorar esse ambiente agredindo a natureza, poderá ter sua imagem comprometida e o próprio esgotamento de suas fontes de matéria-prima.

O Brasil é um país com enormes reservas de matérias-primas, no entanto, disponibilizá-las continua a ser um desafio, pois a nossa infraestrutura é deficiente. Por meio de uma correta política de exploração desses recursos, novos produtos brasileiros poderiam surgir, por exemplo, nas indústrias farmacêutica e cosmética.

Explore mais em:
<http://www.boticario.com.br>

O custo da energia representa, para a maioria das empresas, importante componente de seu custo variável e, portanto, quanto menor esse custo, mais baratos serão os produtos. Com a energia mais barata, os consumidores se animam a adquirir mais eletrodomésticos e a usá-los com maior frequência. Assim, em vez de um domicílio possuir apenas eletrodomésticos tradicionais, como geladeira, fogão e máquina de lavar, os consumidores se sentirão incentivados a adquirir um forno de micro-ondas ou uma máquina de lavar louça, por exemplo.

Dessa forma, empresas atentas ao panorama energético saberão aproveitar oportunidades que se avizinham ou, inversamente, evitar o risco de lançar produtos altamente demandantes de energia caso se vislumbre a possibilidade de racionamento.

A poluição ambiental afeta a vida de todos, sobretudo aqueles que vivem nos grandes centros. Apesar de os laboratórios farmacêuticos desenvolverem inúmeros produtos para aliviar os efeitos maléficos do aumento da poluição, o fato é que ela precisa ser contida, em um primeiro momento, e reduzida no futuro. Abre-se espaço para a pesquisa e o desenvolvimento de novos motores, mais eficientes, novas fontes de energia ambientalmente mais limpas que as atuais, e toda uma gama de produtos que advêm da reciclagem de materiais que, de outra forma, iriam para o lixo e, em última instância, poluiriam o meio ambiente. Há mais de uma década, o governo do Estado de São Paulo vem tentando despoluir o rio Tietê, tendo já gasto uma soma considerável de recursos nessa empreitada, com orçamento total previsto na ordem de US$ 1,5 bilhão. A obra terá grande impacto não somente do ponto de vista ambiental, mas, sobretudo, comercial, uma vez que deverá proporcionar uma reurbanização em torno da área do rio, que, apesar de bela, exala um terrível mau cheiro, espantando o surgimento de empresas e residências. Caso o Tietê seja totalmente despoluído, será possível a exploração comercial, a exemplo de outros países que possuem pequenos barcos que trafegam nos rios, levando principalmente turistas e dando certo charme à cidade. A prática de esportes como canoagem será também uma das possibilidades.

Finalmente, não se pode esquecer que muitas empresas dependem diretamente da correta preservação dos recursos naturais: fabricantes de cervejas e refrigerantes necessitam de água em quantidades imensas, a baixo custo — ou seja, livre de poluentes tóxicos. Empreendimentos turísticos, que movimentam a economia local, como a Rio Quente Resorts, em Goiás, igualmente dependem que a natureza em seu entorno seja mantida, para que continue um polo turístico atraente a brasileiros e estrangeiros.

Explore mais em:
<http://www.sabesp.com.br> e <http://www.rioquenteresorts.com.br/>

1.4.6 Ambiente competitivo

O último, mas não menos importante, componente do macroambiente é o ambiente competitivo, o qual determina a rentabilidade média das empresas que fazem parte de um setor econômico. Por estarem sujeitos a forças vindas dos fornecedores, consumidores e da própria rivalidade entre as empresas, certos setores — por exemplo, informática e aviação comercial — tornam seus participantes menos lucrativos do que empresas atuantes em outros setores historicamente mais rentáveis, como petróleo e cosméticos.

As empresas estão inseridas em um contexto de intensa competição, em que diversos participantes exercem forças que podem pressionar negativamente o desempenho mercadológico e financeiro da organização.

Com base no modelo desenvolvido por Porter,[11] podem ser enumerados os participantes do contexto competitivo:

- fornecedores;
- clientes;
- empresas entrantes potenciais;
- novos produtos;
- empresas rivais e já participantes do mercado.

Cada um desses participantes, em cada mercado distinto, possui determinada força que pode ser maior ou menor que nos outros mercados. Por exemplo, a indústria da construção civil tem como um de seus fornecedores a indústria de cimento, que é financeiramente mais sólida e possui empresas muito maiores que a quase totalidade de seus clientes da indústria da construção. Nesse caso, fica claro que o poder de negociação da indústria de cimento deve produzir como resultado preços do cimento favoráveis aos produtores, e não aos clientes. No entanto, a indústria da construção civil negocia, na maior parte das vezes, com outras empresas do ramo de incorporação imobiliária ou, tratando-se de obras públicas, com o governo. Dessa forma, o poder de negociação dos clientes da indústria da construção civil não é desprezível. Como conclusão, temos que o setor está "espremido" entre as demandas de seus clientes e a força de seus fornecedores, não tendo muita margem de manobra para fixar seus preços e, assim, possuindo margens de lucro estruturalmente reduzidas.

Nem todos os mercados são assim, é claro; além disso, a correlação de forças entre os concorrentes não permanece a mesma, indefinidamente, nos mercados. Fusões e aquisições podem mudar o cenário. Na indústria automobilística, os fornecedores de peças e componentes eram historicamente frágeis perante as montadoras. Hoje, a fusão e a globalização de diversos fornecedores, como as brasileiras Cofap e Metal Leve, adquiridas pelo conglomerado alemão Mahle, propiciaram o surgimento de megaempresas fornecedoras de peças e componentes, e as empresas montadoras já as enxergam como parceiras em projetos de mútua lucratividade, não mais como simples fornecedoras de peças, desprovidas de tecnologia e qualidade.

Explore mais em:
<http://www.mahle.com.br>

[11] PORTER, Michael. *Estratégia competitiva*: técnicas para a análise da indústria. Rio de Janeiro: Campus, 1988.

1.5 valor e satisfação

A teoria de marketing é desenvolvida partindo-se de duas perspectivas básicas: a empresa e o consumidor. Ambas são essenciais para que uma relação de troca com satisfação aconteça. A partir da Figura 1.3, será demonstrado como se desenvolve o conceito de satisfação e valor, da perspectiva dos consumidores.

Figura 1.3 Determinantes de satisfação — modelo básico

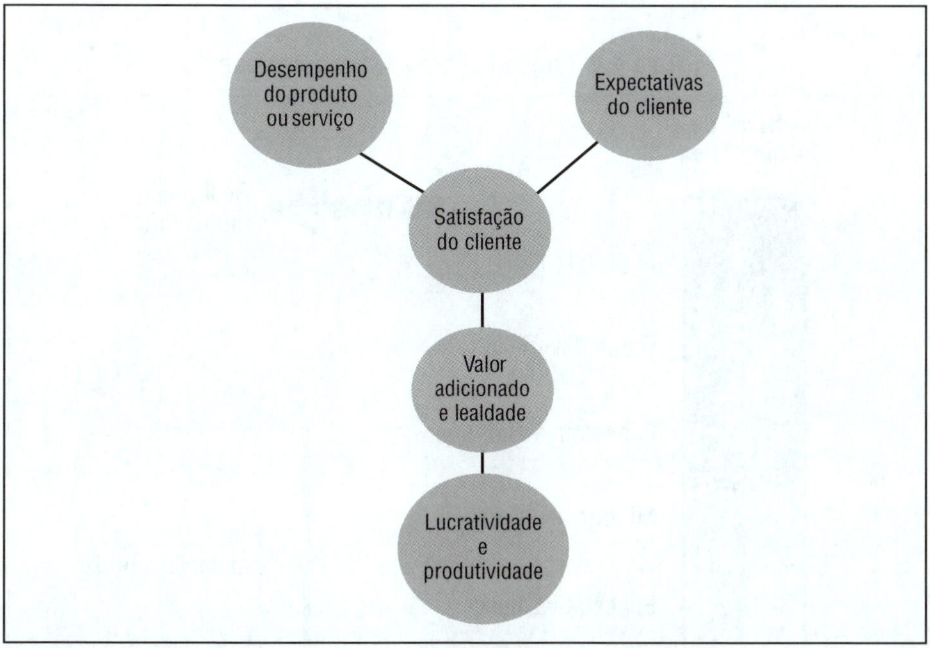

Fonte: elaborada pelos autores.

Como se vê, o que determina a satisfação do cliente é, por um lado, sua expectativa quanto ao produto e/ou serviço adquirido e, por outro, o desempenho desse produto e/ou serviço.

O grau de expectativa dos clientes, obviamente, vai variar de acordo com cada pessoa, pois está ligado à estrutura de referência de cada indivíduo: há os que já tiveram contato anterior com o produto, bem como aqueles que não tiveram tal contato. Como consequência, três situações são possíveis.

- Primeira situação — o produto e/ou serviço entregue (realidade) foi inferior à expectativa do cliente. Ele ficou desapontado ou insatisfeito com a escolha; portanto, houve uma confirmação negativa.

- Segunda situação — o produto e/ou serviço entregue foi igual à expectativa do cliente. Ele ficou satisfeito com a sua opção. Note-se que, ainda que a expectativa tenha sido baixa, esse princípio é válido, pois o cliente, ao adquirir o produto, já não possuía uma boa expectativa em relação à sua compra, mas, mesmo assim, a fez, talvez por absoluta falta de opção ou condição financeira; nesse caso, ocorreu uma confirmação positiva.
- Terceira situação — o produto e/ou serviço entregue foi superior à expectativa do cliente. Pode-se dizer que esse cliente está com suas expectativas superadas, ou seja, ficou encantado! Nesse caso, ocorreu igualmente uma confirmação positiva, com intensidade superior à situação anterior. Portanto, a confirmação positiva ou negativa é o maior indicador de *satisfação* ou *insatisfação*.

Figura 1.4 Hierarquia das expectativas

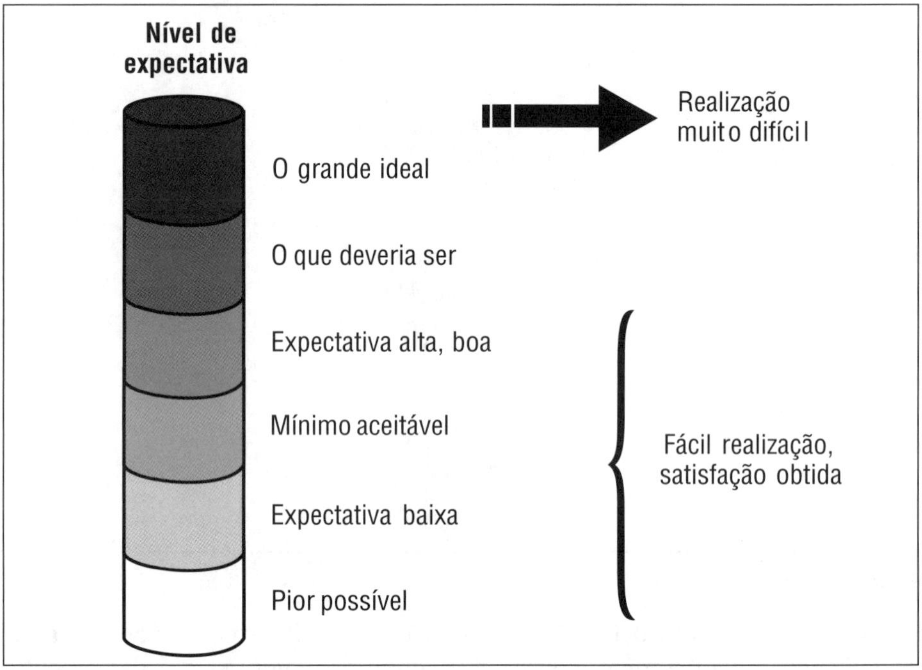

Fonte: elaborada pelos autores.

Pelo modelo apresentado na Figura 1.4, nota-se que os níveis de expectativa variam de acordo com cada pessoa e situação. Quanto maior o nível de expectativa, mais difícil se torna sua realização. Por sua vez, o nível de expectativa do cliente depende em grande parte da própria empresa, por meio de sua comunicação. Logo, a empresa que destacar a qualidade e a sofisticação de seu produto deve ter todo o cuidado em "cumprir o que promete", já que o cliente facilmente terá uma grande decepção caso verifique algum defeito ou problema no produto.

Na mente do cliente, a satisfação é criada de acordo com a descrição da Figura 1.5.

Figura 1.5 Criação da satisfação na mente do cliente

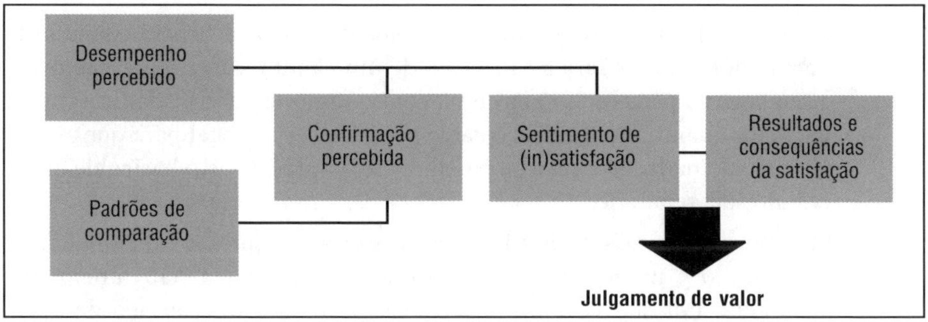

Fonte: elaborada pelos autores.

Pelo modelo proposto, pode-se observar que a satisfação se forma com base no desempenho percebido do produto ou serviço e dos padrões de comparação com produtos e/ou serviços similares (ou pela expectativa gerada por uma indicação). Essas duas fases distintas levam a uma confirmação percebida na medida que o produto e/ou serviço é utilizado, a qual, por sua vez, levará à etapa seguinte: o sentimento de (in)satisfação. Esse sentimento formará a percepção de resultado e as consequências de satisfação e, assim, finalizará o julgamento de valor de um produto e/ou serviço adquirido.

Avançando no desenvolvimento do processo de formação de satisfação e valor, o diagrama de Kano[12] estabelece uma relação entre a satisfação dos clientes e a funcionalidade de atributo do produto e/ou serviço, conforme mostra a Figura 1.6.

Figura 1.6 Atributos de satisfação

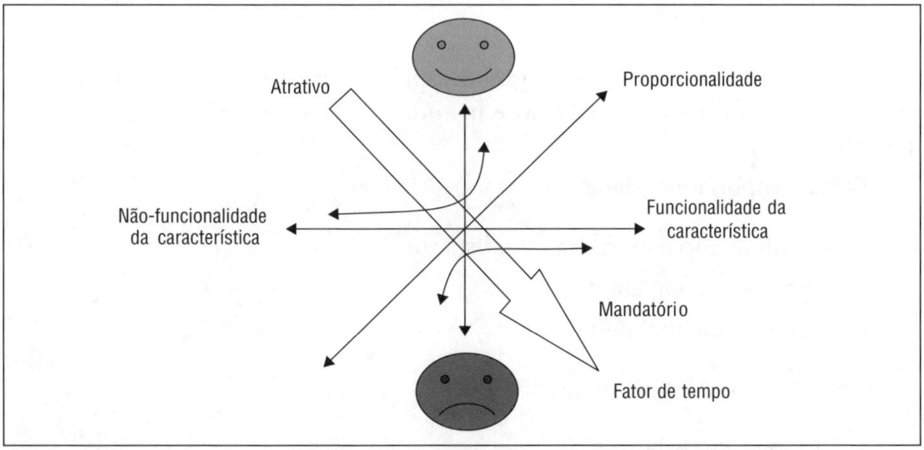

Fonte: adaptada de: KANO, N. et al. Attractive quality and must-be quality. Hinshitsu (Quality, the Journal of Japanese Society for Quality Control), v. 14, p. 39-48, 1984.

[12] Noriaki Kano é professor de Management Science (Ciências da Administração) na Science University of Tokyo e referência mundial como pesquisador na área de satisfação de clientes.

Os pressupostos desse modelo são relacionados a seguir:

- **Princípio da proporcionalidade** — quanto maior a funcionalidade de um atributo, maior será a satisfação de um cliente. Um cliente que deixa o seu veículo para revisão em uma concessionária autorizada ficará mais satisfeito quanto menos dias o carro permanecer no local para que a revisão seja efetuada, obviamente partindo-se do pressuposto básico de que o veículo saia reparado.
- **Princípio da funcionalidade mandatória** — quando a funcionalidade do atributo é mandatória, não gera satisfação, mas a não funcionalidade gera, por sua vez, alta insatisfação. Quando um serviço de atendimento ao cliente, de qualquer empresa, é procurado e o problema ou reclamação é resolvido, não há satisfação, mas, se o atendente falha em qualquer ponto, há forte possibilidade de alta insatisfação.
- **Princípio da funcionalidade atrativa** — quando a funcionalidade do produto é atrativa, a satisfação se transforma em lealdade, fidelização, e a não funcionalidade nem é percebida pelo cliente. Por exemplo, a introdução do *airbag* nos automóveis é um item importante de segurança. Se o modelo do automóvel o possui, ele passa a ser considerado um adicional importante, mas, caso não o possua, a sua falta não impede a compra do veículo, porque o condutor pensa em segurança no caso de acidente, e não em se acidentar. É importante ressaltar que, com o passar do tempo, a funcionalidade atrativa transforma-se em mandatória. Exemplificando: a lavagem do carro sem custo adicional, após serviços técnicos realizados em oficinas ou revendas, era um atributo atrativo que passou a ser mandatório.

O diagrama de Kano possui grande aplicabilidade prática, existindo, para cada dimensão do modelo, técnicas e métodos específicos de mensuração e tratamento.

Para a proporcionalidade:

- levantamento e pesquisa de satisfação;
- entrevistas com clientes;
- melhoria da qualidade.

Para a funcionalidade mandatória:

- sistemas de reclamações;
- medidas internas de melhoria de qualidade, como serviço de atendimento ao cliente;
- levantamento e pesquisa com clientes inativos e/ou perdidos.

Para a funcionalidade atrativa:

- aconselhamento com grupos de pessoas experientes e com profundo conhecimento;
- análises especializadas, do tipo antropológico;
- grupos de pessoas para "inventar o futuro".

O cliente, ao adquirir um produto, considera a relação de custo *versus* o benefício obtido. Por exemplo, quando um consumidor adquire uma lata de leite condensado no armazém ou na padaria mais próximos de sua residência, tem a consciência de que está pagando mais caro pelo produto. No entanto, vai realizar a compra da mesma forma em função da comodidade ou da pressa na utilização daquele produto.

Outra parte importante no processo de formação de valor e satisfação de clientes é o momento da verdade, ou seja, quando o cliente entra efetivamente em contato com o produto e/ou serviço e confronta a realidade com a expectativa. Portanto, a satisfação só ocorrerá após o momento da verdade e não garantirá qualquer tipo de lealdade do cliente com o produto e/ou serviço.

Os passos apresentados até este ponto servem como base de formação de valor. O valor é a qualidade percebida, ou benefício percebido, relativa ao custo percebido. É a resposta a sentimentos ou questionamentos do tipo: vale a pena?

$$\text{Valor} = \frac{\text{Qualidade Percebida}}{\text{Custo Percebido}} \quad \text{OU} \quad \frac{\text{Benefício Percebido}}{\text{Custo Percebido}}$$

Quando os benefícios superam os custos do produto — seja um bem ou serviço —, o consumidor tem uma percepção positiva da troca. **Valor**, portanto, é o que o cliente deseja de um produto ou serviço.

A Figura 1.7 indica as posições relativas nas quais se cruzam a percepção de preço e a percepção de qualidade, posições estas que indicam o valor que o cliente atribuirá ao produto em questão.

Figura 1.7 Mapa de valor

Percepção de preço	Baixa	Média	Alta
Alto	Roubo	Não vale o preço	Valor/prêmio
Médio	Não vale o preço	Vale o que se paga	Bom negócio
Baixo	Uma pechincha	Bom negócio	Bom negócio
	Percepção de qualidade		

Fonte: elaborada pelos autores.

Quando o julgamento de valor for favorável e as expectativas forem atendidas ou superadas, o cliente passa a exercer uma escolha, pois os diferenciais do produto ou serviço ficam evidentes. Ao relacionar preferência do cliente com diferenciais, obtém-se a escala de envolvimento desse cliente com o produto. Esse envolvimento, ao ser relacionado ao índice de recompra, vai demonstrar se existe ou não lealdade e seus respectivos tipos, conforme apresentado na Figura 1.8.

Figura 1.8 Tipos de lealdade

Então...		Recompra do produto: Baixa	Recompra do produto: Alta
Envolvomento relativo	Baixo	Lealdade latente	Lealdade premiada
	Alto	Sem lealdade	Lealdade inercial

Sem lealdade — não há apego ou envolvimento
Lealdade latente — compra por hábito, conveniência, com alguma satisfação
Lealdade inercial — situações específicas. não atitude pessoal
Lealdade premiada — consumidor apaixonado, recomenda, indica, é paladino do produto ou serviço

Fonte: elaborada pelos autores.

A seguir, são descritos os tipos de lealdade ilustrados na figura.

- **Sem lealdade** — o cliente não recompra o produto com frequência e possui baixo envolvimento relativo. Não consegue perceber diferenciais de produto; então, o preço torna-se fator decisivo no processo de compra. Exemplo: embora as pessoas comprem frequentemente iogurte com frutas, não levam a marca em consideração, mas, principalmente, o melhor preço. Note que não existe propaganda dessa categoria de produtos, uma vez que, na hora da compra, o fabricante que possuir o melhor preço terá a preferência do cliente.
- **Lealdade latente** — o envolvimento relativo do cliente com o produto é alto, mas a recompra do produto é baixa. Compra por conveniência, hábito, com alguma satisfação. Exemplo: muitas pessoas compram o jornal em semáforos, unindo o útil ao agradável. Como não são assinantes e, portanto, compram eventualmente, tendem a efetuar a compra no mesmo semáforo.
- **Lealdade inercial** — apesar da alta recompra do produto, existe baixo envolvimento. São situações específicas que não envolvem uma atitude pessoal. Exemplo: se uma mulher adora comida chinesa, seu marido, ainda que não aprecie muito esse tipo de culinária, tenderá a acompanhá-la ao restaurante apenas para agradá-la.

- **Lealdade premiada** — alto envolvimento relativo e alta recompra do produto são os pressupostos para lealdade. Os consumidores são apaixonados, recomendam e indicam o produto. Chegam a ser seus paladinos! Exemplo: crianças e adolescentes em relação ao McDonald's, donas de casa em relação aos produtos Brastemp.

Neste primeiro capítulo, foram apresentadas algumas definições de marketing e suas constantes evoluções, bem como as orientações das empresas em relação ao mercado e aos diferentes estágios de demanda. A análise do macroambiente revela as ameaças que a empresa enfrenta, bem como as oportunidades que pode ter, principalmente se souber fazer uso correto das técnicas disponíveis de elaboração de cenários e, ao mesmo tempo, construir um eficiente sistema de criação de valor e satisfação, conforme modelo sugerido. Para a construção desse modelo, será imprescindível a utilização de pesquisas que indiquem as necessidades dos clientes e suas expectativas. Os diversos métodos e técnicas de pesquisa serão abordados no Capítulo 2.

Estudando um caso

Participação da classe C no país sobe de 45% para 49% da população — um exemplo de análise ambiental[13]

A classe C ampliou sua participação para 49% da população brasileira em 2009, ano marcado pela crise econômica global, ante 45% no ano anterior, chegando a 92,85 milhões de pessoas.

Já as classes A/B subiram de 15% para 16% do total, enquanto as D/E caíram de 40% para 35%, de acordo com pesquisa divulgada pela Cetelem, financeira do grupo francês BNP Paribas, em conjunto com a Ipsos.

Segundo o "Observador Brasil 2010", a expansão da classe C chegou a 15 pontos percentuais, considerando os dados desde 2005, quando essa fatia da população representava 34% do total. Naquele ano, as classes A/B respondiam por 15% e as D/E, por 51%.

Nos últimos cinco anos, a classe C ganhou 30,15 milhões de consumidores, sendo 8,23 milhões entre 2008 e 2009. Já os segmentos D/E perderam 26,05 milhões desde 2005, dos quais 8,94 milhões no último ano.

"Nos próximos anos, a classe C deve ter um crescimento menor, mas continuar em expansão", avalia Marcos Etchegoyen, diretor geral da Cetelem no Brasil.

As classes sociais utilizadas no estudo são as definidas pelo CCEB (Critério de Classificação Econômica Brasil), fornecido pela Abep (Associação Brasileira de Empresas de Pesquisa).

O conceito não considera a renda e leva em conta itens como posse de eletrodomésticos (televisão, rádio, aspirador de pó, máquina de lavar, DVD, geladeira, freezer), de carro para passeio, quantidade de banheiros na casa e grau de instrução do chefe da família."

(Tatiana Resende, para o jornal Folha de S. Paulo).

---

[13] *Fonte*: Disponível em: <http://www1.folha.uol.com.br/folha/dinheiro/ult91u716805.shtml>. Acesso em: 19 out. 2012.

Como aponta esse texto, a grande modificação na sociedade brasileira é o aumento de renda geral da população, criando uma nova leva de consumidores de bens de consumo e serviços. Tal fato traz grandes implicações para o marketing das empresas, já que estas devem se preparar para atender um número muito maior de consumidores, muitos deles adquirentes pela primeira vez do produto — como passagens aéreas por exemplo. Também não se trata de um público com capacidade aquisitiva ilimitada — pelo contrário — mas sim atento a preços e qualidade, buscando não produtos "baratos" mas sim consistentes com suas expectativas e poder aquisitivo.

Os motivos dessa ascensão social são vários, porém os principais podem ser apontados facilmente: o fim da inflação galopante, que corroía o rendimento dos assalariados antes de 1994, e o aumento real do salário mínimo, mais recentemente. As empresas atentas a essas mudanças econômico-sociais tiveram tempo para preparar-se para esse aumento de consumo, o que prova que a análise ambiental é importantíssima para o marketing.

resumo

Marketing pode ser entendido como o processo de dinamização e intensificação das trocas entre pessoas e organizações, com o objetivo de alcançar a satisfação recíproca de consumidores e produtores. Existem vários modelos que relacionam as principais variáveis de marketing com o seu ambiente de atuação; entre eles, destacam-se os 4 Ps e os 4 Cs.

A administração de marketing preocupa-se em administrar as ações em cada um dos elementos do chamado composto mercadológico — os 4 Ps (produto, preço, praça e promoção). A sequência de ações mercadológicas, ou processo de marketing, pode ser entendida pelo modelo dos 4 As (análise, adaptação, ativação e avaliação).

As empresas devem verificar as constantes mudanças nas necessidades de seus clientes e utilizar o marketing para alterar os estados de demanda de seus produtos. Os diversos estados de demanda são: *demanda inexistente, demanda negativa, demanda indesejada, demanda latente, demanda irregular, plena demanda, demanda excessiva* e *demanda em declínio*.

Para que a demanda seja alterada ou mantida pelo marketing, é necessária a administração de marketing, ou seja, é preciso utilizar as variáveis de produto, preço, distribuição e promoção, visando atingir as necessidades específicas do mercado-alvo selecionado e, assim, obter os resultados esperados pela organização. Para isso, a empresa deverá orientar-se para a atividade de marketing que melhor atenda às necessidades do mercado-alvo desejado.

Existem distintas orientações organizacionais com relação ao mercado. São elas: *orientação para produção, para produto, para vendas, para marketing, para marketing social* e *para marketing de responsabilidade social*.

Profissionais de marketing devem estar constantemente atentos ao macroambiente, já que possíveis mudanças neste podem ter impacto na situação de mercado da empresa. O macroambiente é composto pelos grupos de interesse (*stakeholders*), como concorrentes, fornecedores, clientes, intermediários, setor público ou outros com os quais a empresa se relacione. Todos os participantes exercem forças que são compatíveis com o seu grau de atuação e de organização dentro desse macroambiente, gerando impactos e transformando-os em oportunidades, mas igualmente em ameaças. Os diversos ambientes que compõem o macroambiente são: *econômico*, *político-legal*, *tecnológico*, *sociocultural*, *natural* e *competitivo*.

Evidentemente, o grau de expectativa dos clientes varia de acordo com cada pessoa, pois está ligado à estrutura de referência do indivíduo: há os que já tiveram contato anterior com o produto, bem como aqueles que não tiveram tal contato. A satisfação é formada com base no desempenho percebido do produto e/ou serviço e dos padrões de comparação com produtos e/ou serviços similares ou, ainda, pela expectativa gerada por uma indicação. O diagrama de Kano estabelece uma relação entre a satisfação dos clientes e a funcionalidade de atributo do produto e/ou serviço. Nesse sentido, pode-se dizer que valor é a qualidade percebida ou utilidade com relação ao custo percebido.

Ao relacionar preferência do cliente com diferenciais obtém-se a escala de envolvimento desse cliente com o produto ou serviço. Esse envolvimento, relacionado ao índice de recompra, vai demonstrar se existe ou não lealdade e seus respectivos tipos: sem lealdade, lealdade latente, inercial e premiada.

questões para revisão e discussão

1. Explique, com suas próprias palavras, o que é marketing.
2. Cite e explique as quatro principais ferramentas do composto mercadológico.
3. Compare os diversos tipos de demanda e exemplifique-os.
4. Pesquise algumas empresas e verifique as suas orientações.
5. Faça uma análise macroambiental para empresas de pequeno, médio e grande portes de sua cidade ou região.
6. Dê exemplos de como os ambientes tecnológico e econômico podem, concomitantemente, influenciar uma ação de marketing.
7. Em um grupo de colegas, verifique, com base em uma experiência em comum de compra, as diferentes expectativas e realidades percebidas.
8. Identifique os diversos tipos de lealdade em relação aos produtos e serviços adquiridos.

9. O modelo de Kano baseia-se em três pressupostos: princípio da proporcionalidade, princípio da funcionalidade mandatória e princípio da funcionalidade atrativa. Explique cada um deles.

referências

BENNETT, P. D. *Dictionary of marketing terms*. 2. ed. Chicago: American Marketing Association, 1995.

CHURCHILL, Gilbert A.; PETER, J. Paul. *Marketing*: criando valor para os clientes. 2. ed. São Paulo: Saraiva, 2005.

DRUCKER, P. *Management:* tasks, responsibilities, practices. New York: Harper & Row, 1973.

KOTLER, Philip. *Administração de marketing*: a edição do novo milênio. 10. ed. São Paulo: Prentice Hall, 2000.

KOTLER, Philip. The major tasks of marketing management. *Journal of Marketing*, New York, p. 42-44, Oct. 1973.

KOTLER, Philip; LEVY, Sidney J. Demarketing, yes, demarketing. *Harvard Business Review*, Boston, p. 74-80, Nov./Dec. 1971.

LAUTERBORN, Robert. New marketing litany: 4 Ps passe, C-words take over. *Advertising Age*, New York, v. 61, n. 41, p. 26, Oct. 1, 1990.

LEVITT, Theodore. Miopia em marketing. In: ______. *A imaginação do marketing*. 2. ed. São Paulo: Atlas, 1991.

McCARTHY, J. E. *Marketing básico*. São Paulo: Atlas, 1997.

PORTER, Michael. *Estratégia competitiva*: técnicas para a análise da indústria. Rio de Janeiro: Campus, 1988.

PRIDE, W.; FERRELL, O. C. *Marketing:* concepts and strategies. Boston: Houghton Mifflin, 1997.

RICHERS, Raimar. *O que é marketing*. São Paulo: Brasiliense, 2003. n. 27. (Coleção Primeiros Passos).

RODDICK, Annita. *Meu jeito de fazer negócios*. São Paulo: Negócio, 2002.

CAPÍTULO 2

Comportamento do consumidor

Objetivos
do capítulo

O entendimento deste capítulo deve possibilitar ao leitor:

1. identificar as variáveis que influenciam o comportamento do consumidor;
2. observar como essas variáveis influenciam o comportamento do consumidor;
3. conhecer as etapas do processo de decisão de compra;
4. aplicar as etapas do processo de decisão de compra a produtos e serviços.

2.1 o que estudar no comportamento do consumidor

Uma descrição simplista poderia apresentar as pessoas da Figura 2.1 como quatro jovens de aproximadamente 20 anos de idade. No entanto, é bastante evidente que seus interesses e maneiras de viver são bem distintos; elas compram coisas diferentes em lugares diversos com propósitos variados. Como tentar explicar essas diferenças? Esse é o objetivo deste capítulo: apresentar as múltiplas facetas do consumidor e discutir como as características de um consumidor afetam seu processo de decisão e seus hábitos de compra.

Figura 2.1 Jovens e estilos de consumo

Fonte: disponível em: <http://istockphoto.com>.

A perspectiva de marketing como filosofia de gestão presume uma busca incessante da satisfação das necessidades e dos desejos dos consumidores, ou seja, da criação de produtos e serviços que venham ao encontro das expectativas do consumidor ou as superem.

Para conhecer o consumidor, geralmente inicia-se pela obtenção de informações em quatro áreas principais:

- características demográficas do consumidor, como número e localização geográfica, distribuição quanto a renda, sexo, idade e nível de instrução;
- comportamentos de consumo (quem, o que, quando, onde e como consome), comportamentos de compra (quem, quando, como e onde compra) e de utilização de mídias (onde procura informação, hábitos de leitura, rádio e televisão, frequência a congressos, exposições);

- atitudes, como o conhecimento que o consumidor tem de uma marca, ou a imagem que lhe atribui, ou, ainda, medidas de satisfação;
- processo de compra, como motivações, envolvimento e critérios de escolha de uma marca.

O comportamento do consumidor pode ser estudado com base em variáveis que tentam explicá-lo. Cada variável é objeto de uma discussão sobre os diversos conceitos pertinentes às variáveis indicadas na Figura 2.2, influenciando o processo de decisão de compra do consumidor.

Figura 2.2 Variáveis que influenciam o comportamento do consumidor

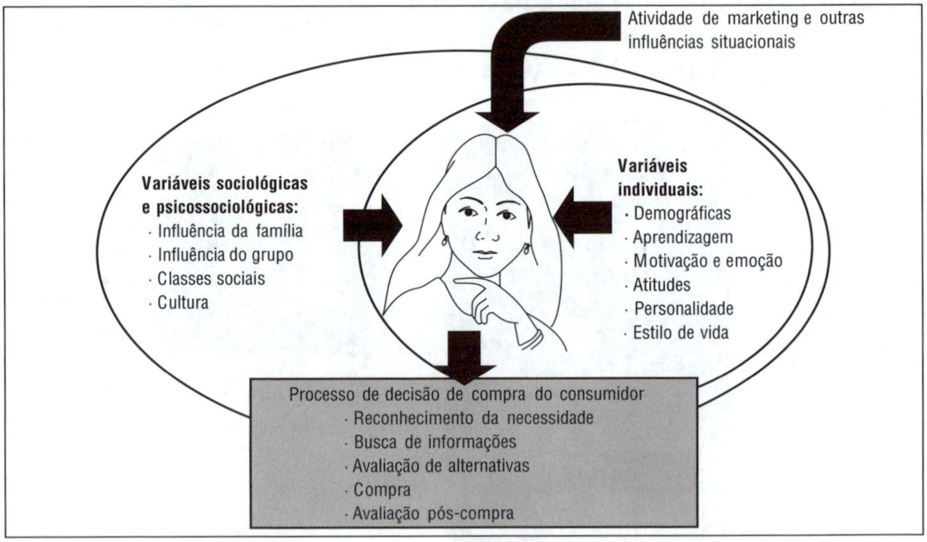

Fonte: elaborada pelos autores.

2.2 variáveis individuais que influenciam o comportamento do consumidor

Neste tópico, são estudadas as variáveis individuais, ou seja, aquelas que representam um processo físico e psicológico característico de cada ser humano. São destacadas as seguintes variáveis: demográficas e biológicas, percepção e aprendizado, motivação e emoção, atitudes e mudança de atitudes, personalidade e estilo de vida.

2.2.1 Variáveis demográficas e biológicas

O comportamento do consumidor é influenciado pelas características individuais e pessoais de cada ser humano, oriundas tanto da genética quanto da personalidade. Trata-se daquelas características muito próprias, que compõem nossa individualidade e pertencem exclusivamente a cada um de nós.

Da genética podem vir características como as diferenças fisiológicas, por exemplo, tom de pele, peso ou doenças, como diabete e miopia. Outro exemplo é o ciclo diário de atividade que as pessoas têm, o **ritmo circadiano**: algumas pessoas se sentem mais ativas pela manhã, outras se sentem melhor à noite, e assim por diante. Um supermercado aberto 24 horas atende pessoas que possuem qualquer ritmo circadiano.

> **Ritmo circadiano:** ciclo diário de atividades das pessoas explica por que algumas se sentem mais ativas durante o dia e outras à noite.

Variáveis demográficas, tais como etnia, gênero e idade, ajudam a explicar algumas necessidades. Elementos muito relevantes para o profissional de marketing são a raça e a etnia, pois tanto a diversidade racial como a étnica, além de alterações de culturas e costumes, permitem o surgimento constante de novas oportunidades de mercado. Como exemplo, pode-se citar o sucesso da revista *Raça*, destinada ao público negro.

Gênero é um traço que divide os consumidores em dois grupos: homens e mulheres. São evidentes as diferenças oriundas desse traço, o qual permanece constante durante toda a vida da pessoa, influenciando seus valores e preferências. Exemplos: determinados tecidos, como a seda, são usados mais por mulheres; o fato de homens preferirem vestir cores como o marrom, preto ou azul. As diferenças entre homens e mulheres são abrandadas pelo ciclo de vida, pelo nível de educação e pela renda.

> **Gênero** é um traço que divide os consumidores em dois grupos: homens e mulheres.

Essas diferenças, que durante a infância são mínimas, começam a se materializar na adolescência e se intensificam na idade adulta. Porém, ao chegar à velhice, voltam a ser menos agudas, pois as pressões da sociedade perdem sua importância. Além da idade, as distinções entre os papéis masculino e feminino podem ser abrandadas em função do nível de educação (quanto mais sobe o nível de escolaridade, menos as diferenças se pronunciam), bem como em função da renda. O design, muitas vezes, acompanha as preferências por gênero: as mulheres tendem a preferir formas mais arredondadas e tons mais pastéis, enquanto homens preferem linhas mais retas, formas mais angulosas e tons mais fortes.[1]

2.2.2 Percepção e aprendizado

Somos incessantemente expostos a estímulos, mercadológicos ou não.

Dos milhares de estímulos aos quais o homem urbano está exposto diariamente, apenas uma pequena parcela, de fato, é armazenada na memória.

Percepção é o processo pelo qual um indivíduo reconhece, seleciona, organiza e interpreta a informação que

> **Percepção:** processo pelo qual um indivíduo reconhece, seleciona, organiza e interpreta a informação que recebe do ambiente por meio dos cinco sentidos (visão, audição, olfato, paladar e tato).

[1] McGUIRE, William. Some internal psychological factors influencing consumer choice. *Journal of Consumer Research*, v. 2, p. 302-319, Mar. 1976.

recebe do ambiente por meio dos cinco sentidos (visão, audição, olfato, paladar e tato). Todos os milhares de estímulos a que estamos expostos diariamente devem, em primeiro lugar, ser percebidos. Somos expostos visualmente às propagandas nas revistas e TVs, ouvimos os feirantes chamarem seus clientes, sentimos a maciez de uma poltrona em um bar sofisticado ou a fria dureza de uma cadeira de metal em um boteco. Da mesma forma, sentimo-nos atraídos pelo aroma proveniente de uma cesta de pães recém-saídos de um forno de padaria ou pelo perfume que sai de uma loja de cosméticos. McGuire elaborou um modelo sobre o processamento das informações em que se observa uma série de passos, como ilustrado na Figura 2.3.

Figura 2.3 Estágios no processamento das informações

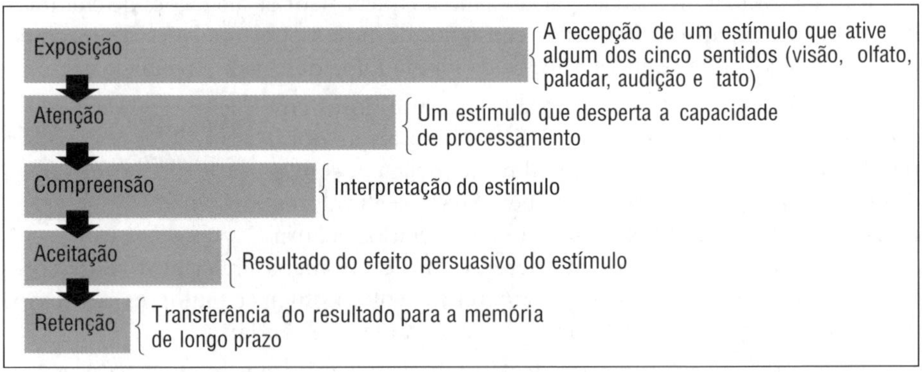

Fonte: elaborada com base em McGUIRE, William. Some internal psychological factors influencing consumer choice. Journal of Consumer Research, v. 2, p. 302-319, Mar. 1976.

A exposição tem um momento crucial, que é o *limiar de percepção*, abaixo do qual não se percebe o estímulo. Em outras palavras, um estímulo só é recebido quando nossos sentidos o percebem. Quanto à propaganda subliminar — aquela em que o receptor não percebe que está sendo exposto a algum tipo de mensagem —, apesar de constituir questão altamente polêmica, não há evidências de que realmente influencie o comportamento do consumidor.

Quando o consumidor dedica algum pensamento ao estímulo, pode-se dizer que este chamou sua *atenção*, o que é um dos grandes desafios da propaganda. Alguns fatores tendem a auxiliar na captura da atenção, tais como cores, sons ou posição do anúncio. A *compreensão* envolve a interpretação do estímulo, ou seja, a pessoa resgata informações da memória a fim de classificar o novo estímulo.

A *aceitação* depende de quanto o estímulo foi persuasivo, a ponto de gerar uma resposta cognitiva ou afetiva. Por fim, a *retenção* do estímulo envolve a transferência de seu resultado para a memória. Existem dois tipos de memória, a de curto prazo, que faz que, por exemplo, as pessoas se lembrem de onde estacionaram o carro, e a memória de longo prazo, que é o resultado de um processo de aprendizado. O *aprendizado* é uma mudança no conteúdo da memória de longo prazo.

Em um ambiente pleno de ofertas (e tentações), é preciso escolher, e as decisões são tomadas com base no que temos em nossa memória, resultado de algum tipo de aprendizado. Em qualquer caso, o aprendizado se dá por meio de três mecanismos principais, descritos a seguir.

- Primeiro mecanismo — no **aprendizado cognitivo**, as informações são adquiridas por meio de comunicações orais ou escritas, como em uma aula tradicional. O aprendizado efetuado dessa maneira pode ser resultado de uma memorização mecânica, como quando se decora algo. Outra possibilidade ocorre no momento em que se processa alguma informação para chegar a um julgamento. A repetição e a elaboração são dois mecanismos que facilitam esse tipo de aprendizado. Exemplo de **repetição** é uma propaganda da cerveja Nova Schin, da Schincariol, que repetia incessantemente: "Experimenta! Experimenta!..." ou uma propaganda do jornal *Folha de S.Paulo*, que repetia exaustivamente o número de telefone dos classificados em forma de *jingle* ("3224-4000... Como é que é?"). Já a **elaboração** vem a ser o grau de integração entre o estímulo e o conhecimento existente, isto é, o montante de pensamento e relações feitas pela pessoa. Quanto maior a elaboração, maior a aprendizagem.

Explore mais em:
<http://www.novaschin.com.br>

- Segundo mecanismo — no **aprendizado por condicionamento**, a pessoa aprende uma associação entre dois estímulos que sempre aparecem juntos (condicionamento clássico) ou aprende a responder de determinada maneira porque, assim, será recompensada. É o que ocorre em programas de fidelidade: enquanto o passageiro viajar por determinada empresa aérea, acumulará milhagens (ou pontos) que poderão ser trocadas por novas viagens gratuitas ou bônus.
- Terceiro mecanismo — **aprendizado por imitação**, pelo qual as pessoas imitam o comportamento de outras que veem sendo recompensadas, na esperança de serem recompensadas também. Por exemplo, se uma moça vê sua amiga sendo elogiada e valorizada por seu cabelo, pode procurar o mesmo cabeleireiro na esperança de ser igualmente elogiada e admirada.

O conhecimento que as pessoas têm sobre uma marca ou produto é alvo de muitos tipos de pesquisa, como o Top of Mind, que consiste em uma lista, elaborada anualmente, das marcas mais lembradas por categoria. Esse tipo de pesquisa tenta medir o conhecimento que os consumidores têm de uma marca. Outro tipo de pesquisa é a análise de imagem, na qual se tenta entender as associações que o consumidor faz com o produto ou marca. Outros tipos de conhecimento envolvem a compra; por exemplo: onde comprar essências naturais? Ou, ainda, o conhecimento de uso, isto é, saber como usar um produto. Por exemplo: muitas pessoas não conhecem todas as utilidades do bicarbonato de sódio, que pode ser usado na culinária, na limpeza de mármores, contra aftas etc.

2.2.3 Motivação e emoção

Um **motivo** é um estímulo que faz com que uma pessoa aja de determinada maneira. O uso que uma pessoa dá a suas capacidades depende de suas motivações, desejos, anseios, ambições etc.

> **Motivo:** estímulo que faz com que uma pessoa aja de determinada maneira.

A pesquisa motivacional pode apresentar vários enfoques; aqui, serão destacados os enfoques fisiológico, clínico e cognitivo. O **enfoque fisiológico** estuda as relações entre o sistema nervoso central e o fenômeno psicológico e comportamental da motivação. O **enfoque clínico** da motivação considera as necessidades psicológicas, mas está baseado em aspectos da personalidade e em estudos de caso de pacientes e clientes, mais do que em dados fisiológicos. Teorias dessa origem são as mais estudadas em marketing, tais como a famosa hierarquia das necessidades de Maslow, ilustrada na Figura 2.4, ou a lista de motivos sociais de Murray,[2] que será abordada mais adiante.

Figura 2.4 Hierarquia das necessidades

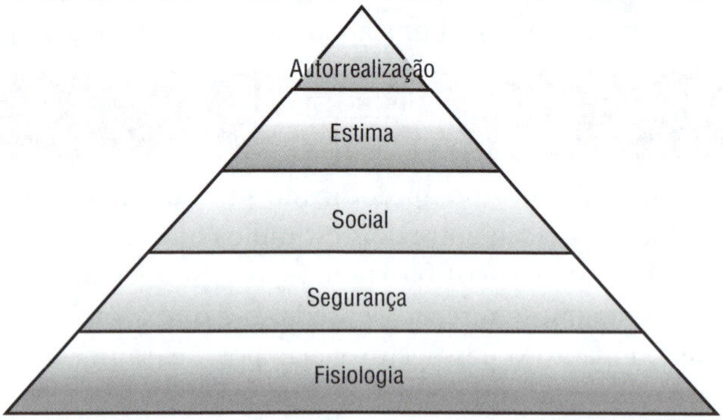

Fonte: MASLOW, Abraham H. Motivation and personality. New York: Harper & Row, 1970. p. 35-47.

A teoria da hierarquia das necessidades de Maslow é alvo de inúmeras críticas, pois existem argumentos de que não há uma hierarquia e que todas as necessidades acontecem simultaneamente, mas, apesar de tudo, ela continua a ser um clássico das teorias motivacionais. As **necessidades fisiológicas** — isto é, comida, água, sexo e outras necessidades instintivas — são consideradas as preponderantes, pois todas as outras sucederiam à satisfação dessas. Por **necessidade de segurança** entende-se a busca por estabilidade, proteção, ausência de medo, ansiedade e caos, bem como ordem e limites. Estando esta satisfeita, surge a **necessidade social**, que envolve o amor, a afeição e o sentido de pertencer, ou seja, a busca por um(a) companheiro(a), amigos, filhos etc. Atendida essa condição, surge a **necessidade de estima**, que consiste no desejo de reconhecimento ou prestígio, importância e apreciação. Por fim, o mais alto nível, o das

[2] MURRAY, Edward J. *Motivação e emoção*. Rio de Janeiro: Zahar, 1978. p. 152-154.

necessidades de autorrealização, refere-se ao desejo do ser humano de realizar o seu potencial e obter a autossatisfação. **A necessidade de autorrealização ao longo da vida é o condutor das ações humanas, segundo Abraham Maslow, e não ocorrerá antes de serem satisfeitas as necessidades de grau anterior.**

Murray[3] elaborou uma lista com 20 motivos sociais, dos quais foram extraídos os exemplos e explicações que se seguem.

- Autonomia — ser independente e livre para agir de acordo com o seu impulso, ser desprendido e irresponsável. Desafiar as convenções.
- Exibição — ser visto e ouvido, excitar, espantar, divertir, chocar, interessar ou seduzir os outros.
- Entendimento — influenciar ou dirigir o comportamento de outros por sugestão, persuasão ou comando.
- Realização — efetuar uma coisa difícil, vencer obstáculos e superar a si mesmo.

Por fim, o **enfoque cognitivo** busca responder a questões como: o que nos faz sentir bem? O que nos atrai e o que nos repele? Por que as pessoas se interessam por determinadas áreas de estudo? Esse enfoque descreve as motivações como intrínsecas ou extrínsecas. Uma **motivação intrínseca** é aquela que parte de nós mesmos. Como exemplo, pode-se citar o caso de uma pessoa que decide cozinhar de maneira mais saudável por seu próprio interesse em manter a saúde. A **motivação extrínseca**, por sua vez, parte de fora do indivíduo e o estimula a desenvolver determinado comportamento a fim de obter certa recompensa ou se esquivar de uma punição. Dando um exemplo na mesma linha do anterior, outra pessoa pode decidir cozinhar de maneira mais saudável porque o médico a advertiu das consequências de manter uma alimentação à base de frituras e gorduras.

Motivação e emoção assemelham-se em muitos aspectos, mas diferem em características importantes, como mostra o Quadro 2.1.

Quadro 2.1 Diferenças entre motivos e emoções

Características	Motivos	Emoções
Estímulo	Geralmente não observados	Frequentemente aparentes
Periodicidade	Geralmente cíclicos	Nem sempre cíclicas
Respostas	Direcionados a objetivos	Direcionadas ao interior da pessoa
Experimentados(as) como...	Um desejo para atingir alguma coisa	Sentimentos
Resultado	Ativo	Passivo

Fonte: adaptado de STERNBERG, Robert J. In search of the human mind. Forth Worth: Harcourt Brace, 1998.

[3] MURRAY, Edward J. *Motivação e emoção*. Rio de Janeiro: Zahar, 1978, p. 152-154.

Emoção é um sentimento que envolve reações fisiológicas, comportamentais e possivelmente também cognitivas, desencadeadas por eventos internos ou externos. A emoção é capaz de dar energia a uma pessoa em direção a um objeto-alvo. Invariavelmente, as pessoas buscam sentir emoções positivas e evitar as negativas. Assim, um consumidor que se sente desprezado ou mesmo humilhado por um atendimento displicente em uma loja deixará de frequentá-la para evitar esse tipo de emoção.

> **Emoção:** sentimento que envolve reações fisiológicas, comportamentais e possivelmente também cognitivas, desencadeadas por eventos internos ou externos.

Plutchik[4] identificou oito reações emocionais básicas (antecipação, raiva etc.) que ocorrem em quatro pares opostos em um círculo, como ilustrado na Figura 2.5. A mistura dessas oito reações básicas resulta na complexa experiência emocional do ser humano. Todas essas reações podem variar em intensidade, como na sequência apreensão — medo — pânico — terror ou calma — serenidade — prazer — felicidade — alegria — êxtase.

Figura 2.5 Roda de emoções de Plutchik

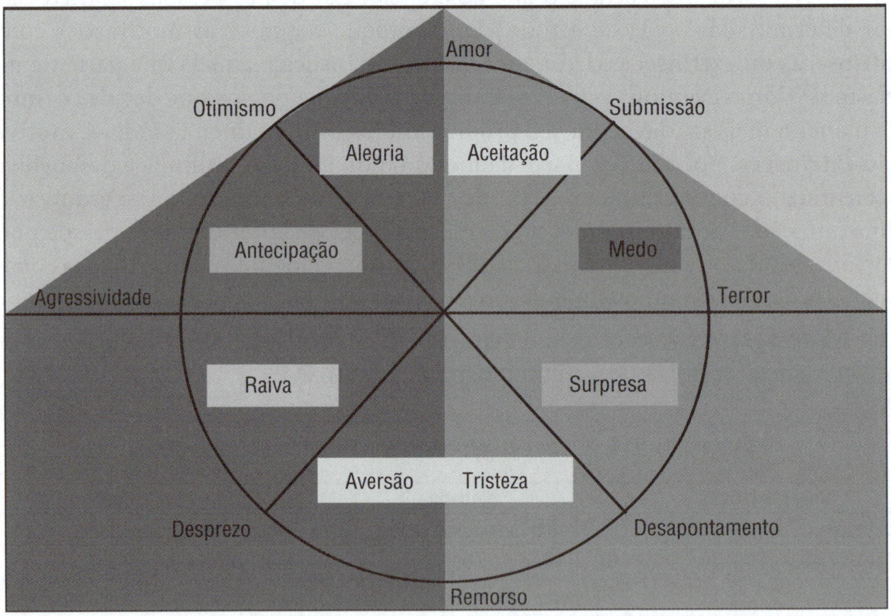

Fonte: apud STERNBERG, Robert J. In search of the human mind. Forth Worth: Harcourt Brace, 1998.

[4] STERNBERG, Robert J. *In search of the human mind*. Forth Worth: Harcourt Brace, 1998. p. 542.

2.2.4 Atitudes e mudança de atitudes

> **Atitudes:** predisposições aprendidas para responder a alguma coisa de forma conscientemente favorável ou desfavorável.

Atitudes são predisposições aprendidas para responder a alguma coisa de forma conscientemente favorável ou desfavorável. São usadas para avaliar as ações de marketing mesmo antes que elas sejam implementadas no mercado, servindo para julgar sua eficácia. Podem ser utilizadas, também, para segmentar mercados e escolher segmentos-alvo, por meio da divisão do mercado em função do quanto os consumidores gostam ou não do produto.

Tradicionalmente, diz-se que a atitude possui três componentes: cognitivo, afetivo e conativo. O **componente cognitivo** envolve o conhecimento e as crenças de uma pessoa sobre algo, incluindo a opinião que ela tem sobre um produto, serviço ou qualquer outra coisa. O **componente afetivo** diz respeito aos sentimentos de uma pessoa em relação a alguma coisa e, por fim, o **componente conativo** refere-se às tendências de ação ou comportamentais de uma pessoa em relação a algo. Esse componente não é visto como um determinante da atitude (ao contrário dos dois anteriores), mas apenas como um reflexo, pois as intenções comportamentais da pessoa tendem a acompanhar suas atitudes, favoráveis ou não.

Para alterar a atitude de alguém, geralmente busca-se suporte nos vários elementos da comunicação. A alteração da atitude depende de quanto do pensamento a pessoa dedica à questão, ou seja, da elaboração ocorrida durante o processamento da mensagem. Petty e Cacioppo[5] elaboraram um conhecido modelo de persuasão alinhado com os conceitos de envolvimento, denominado Elaboration Likelihood Model (ELM). No ELM, a influência exercida pelos vários elementos de comunicação depende da quantidade de pensamento que a pessoa dedica a eles durante o processo de decisão.

Esse pensamento é chamado de **elaboração**. Quando a elaboração é grande, segue-se uma rota central de persuasão, em que são influentes apenas os elementos da mensagem (chamados **argumentos**) relevantes para a formação de uma opinião ponderada. No entanto, se ocorre um baixo nível de elaboração, segue-se uma rota periférica, na qual esses elementos são irrelevantes para a formação da opinião.

As implicações para o marketing são claras. Em compras de alto envolvimento, os argumentos devem enfatizar atributos sólidos e fortes do produto — na compra de um carro, por exemplo, pesam atributos como potência, design e conforto. Já em compras de baixo envolvimento, deve-se usar a rota periférica de persuasão, focando mais o método de apresentação do que o conteúdo da mensagem; por exemplo, na compra de palmito, o consumidor pode escolher a marca baseado em uma embalagem atraente ou mesmo devido à criação de um ambiente agradável para as compras. Wright[6] comenta que, na rota periférica,

---

5 PETTY, R. E.; CACIOPPO, J. T. *Communication and persuasion:* central and peripheral routes to attitude change. New York: Springer-Verlag, 1986. (Springer Series in Social Psychology).

6 WRIGHT, L. T. Exploring the need for extended research: an investigation of consumer attitudes to product labeling. *Journal of Product and Brand Management,* Toller Lane, v. 6, n. 6, p. 417-427, 1997.

atitudes com relação à marca são formadas e alteradas sem um pensamento reativo sobre seus valores positivos ou negativos. "Dicas" no design de rótulos e na propaganda em produtos com forte familiaridade de marca têm resultado certeiro nos "atalhos" de aprendizagem por parte do comprador na rota periférica.

2.2.5 Personalidade

Personalidade: modo como o indivíduo responde ao ambiente em que vive, de maneira que siga um padrão repetido e consistente de comportamento.

Personalidade é "o modo como o indivíduo responde ao ambiente em que vive, de maneira que siga um padrão repetido e consistente de comportamento".[7] A personalidade de cada pessoa é determinada pela constituição genética e pelas influências ambientais a que ela está exposta.

Três teorias principais têm sido usadas na pesquisa do consumidor: psicanalítica, sociopsicológica e de fator traço.

A **teoria psicanalítica**, surgida com a aplicação das teorias de Freud, baseia-se na análise do id, ego e superego. O id busca a gratificação imediata para as necessidades biológicas e instintivas. O superego representa as "normas e serviços sociais ou pessoais como um limite ético do comportamento".[8] O ego, por sua vez, faz a intermediação entre a busca pelo prazer do id e as proibições moralistas do superego.

A **teoria sociopsicológica** considera que existe grande interdependência entre indivíduo e sociedade. O indivíduo tenta atender aos padrões da sociedade, e esta procura ajudá-lo a atingir suas metas.

Por fim, a **teoria de fator traço** considera que a personalidade de um indivíduo é composta por atributos definidos, os chamados *traços*, que vêm a ser qualquer maneira distinguível, relativamente duradoura de ser.

Como é difícil usar os conceitos de personalidade para prever uma compra, atualmente eles são mais utilizados na descrição de marcas, na chamada *personalidade da marca*.

2.2.6 Estilo de vida

Estilo de vida: padrões nos quais as pessoas vivem e gastam tempo e dinheiro, refletindo suas atividades, interesses e opiniões.

Por **estilo de vida**, entendam-se os padrões nos quais as pessoas vivem e gastam tempo e dinheiro, refletindo suas atividades, interesses e opiniões.

---

7 SHETH, Jagdish; MITTAL, Banwari; NEWMAN, Bruce. *Comportamento do cliente:* indo além do comportamento do consumidor. São Paulo: Atlas, 2001.

8 ENGEL, J. F.; BLACKWELL, R. D.; MINIARD, P. W. *Comportamento do consumidor.* 8. ed. Rio de Janeiro: LTC, 2000. p. 283.

Algumas técnicas podem ser utilizadas para identificar e medir os estilos de vida. A **psicografia**, por exemplo, é uma técnica operacional que proporciona medidas quantitativas dos estilos de vida, podendo ser usada com as grandes amostragens necessárias à definição de segmentos de mercado. Outra medida é a obtida pelas **declarações AIO** (atividade, interesse e opinião), que podem ser gerais ou específicas. Nelas, pergunta-se aos consumidores se concordam plenamente, concordam, são neutros, discordam ou discordam fortemente (usando a escala Likert) a respeito de determinada afirmação. Por fim, outra medida é a obtida pelo **Vals** (*values and life styles* — em português, valores e estilos de vida), que define os nove estilos de vida norte-americanos. O sistema Vals estabelece uma tipologia de três categorias básicas de valores e estilos de vida dos consumidores; com base nela, há nove tipos mais detalhados que descrevem segmentos de mercado como impulsionados pela necessidade, direcionados externa ou internamente. A Figura 2.6 apresenta os nove estilos de vida Vals.

> **Psicografia:** técnica operacional para medir estilos de vida que proporciona medidas quantitativas, podendo ser usada com as grandes amostragens necessárias à definição de segmentos de mercado.

Figura 2.6 Vals (*values and life styles*): nove estilos de vida norte-americanos

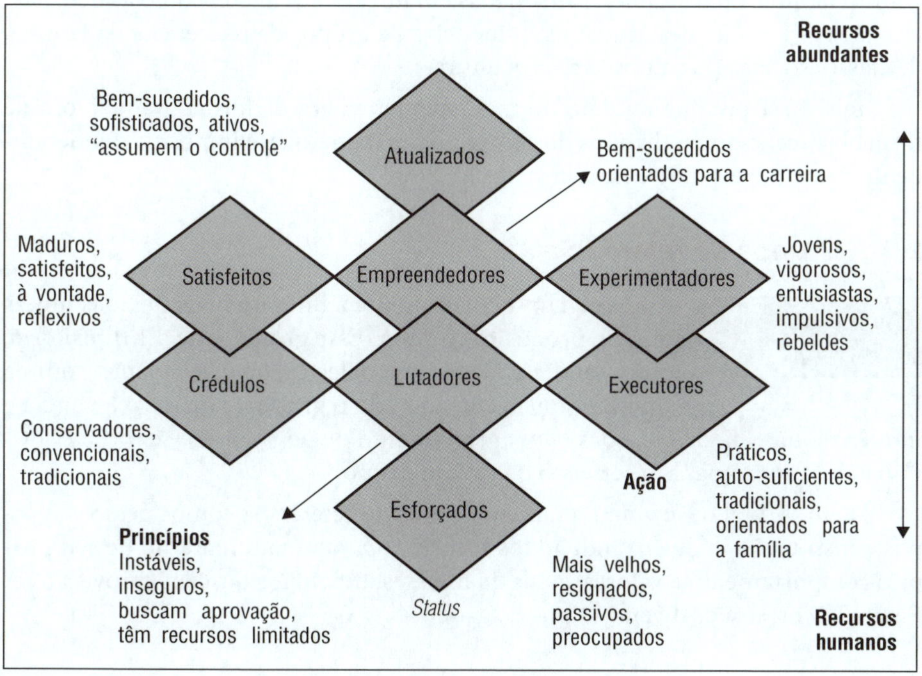

Fonte: disponível em: <http://www.strategicbusinessinsights.com/vals/ustypes.shtml>. Acesso em: 16 out. 2012.

O Vals é um recurso amplamente utilizado e muito aceito; no entanto, recebe várias críticas por não disponibilizar a informação sobre como a estatística é calculada, já que constitui um instrumento de uso particular de uma empresa. É possível realizar o teste no site da empresa, em inglês, para conhecer o seu estilo.

Explore mais em:
<http://strategicbusinessinsights.com/vals/presurvey.shtml>.
Acesso em: 16 out. 2012.

2.3 variáveis sociológicas e psicossociológicas que influenciam o comportamento do consumidor

As variáveis sociológicas e psicossociológicas englobam todas as influências que resultam da interação com outras pessoas, seja por meio de grupos próximos, como a família, ou de influências sofridas em um âmbito maior, como a sociedade em que se vive. São destacadas as influências de grupos de referência, da família, de classes sociais, de cultura e microcultura.

Tais variáveis, que mudam permanentemente, ora de forma gradual, ora de forma brusca, definem hábitos de compra de maneira quase impositiva, independente das variáveis individuais já vistas.

2.3.1 Grupos de referência

Grupo: duas ou mais pessoas juntas com um propósito comum.

Um **grupo** corresponde a duas ou mais pessoas juntas com um propósito comum. Esse grupo pode ser *transitório*, como a audiência em uma palestra, ou *permanente*, como a família — que é considerado o grupo de maior relevância e influência na vida das pessoas. Um agrupamento de pessoas que se torna contínuo e duradouro passa a ser visto como um grupo.

Sheth, Mittal e Newman[9] definem grupos de referência como "pessoas, grupos e instituições a que os indivíduos recorrem para uma orientação de seu próprio comportamento e valores, e dos quais esses indivíduos buscam aprovação". A Figura 2.7 mostra os diversos tipos de grupos.

[9] SHETH; MITTAL; NEWMAN, 2001, p. 165.

Figura 2.7 Tipos de grupos

Primários: grupos em que as pessoas interagem com frequência e cujas opiniões e normas elas consideram importante seguir.	**Secundários:** grupos em que o contato não é frequente, e cujas normas não são consideradas tão obrigatórias. Ex.: Associações profissionais.
Formais: grupos cujas condutas e comportamentos tendem a ser altamente codificados. Ex.: Escola.	**Informais:** grupos que possuem poucas regras explícitas de comportamento. Ex.: Grupos de amigos.
Por escolha: grupos a que uma pessoa decide juntar-se voluntariamente. Ex.: Grupos de voluntários.	**Por indicação ou determinação:** grupos em que a associação é automática para quem tem as características que definem o grupo. Ex.: Parentes.
Por associação: grupos em que um indivíduo alega ser um membro e é reconhecido como tal pelo líder e/ou pelos membros-chave do grupo. Ex.: Grupos de igrejas.	**Simbólicos:** grupos em que não há uma regra ou procedimento para garantir o pertencimento; seus membros-chefes podem até negar essa função, mas o indivíduo se considera membro e, voluntária e discretamente, adota as normas e os valores do grupo, identificando-se com eles. Ex.: Celebridades.

Fonte: elaborado com base em SHETH, Jagdish; MITTAL, Banwari; NEWMAN, Bruce. *Comportamento do cliente*: indo além do comportamento do consumidor. São Paulo: Atlas, 2001. p. 165-166.

2.3.2 Família

A importância da família e do domicílio no comportamento do consumidor reside no fato de ser ela o principal grupo de referência da maior parte das pessoas, pois a compra que um indivíduo faz é, muitas vezes, influenciada por outros membros da família. Outra razão é o fato de muitos produtos serem comprados por uma unidade familiar. Produtos para as crianças só são comprados com a aprovação dos pais, e viagens de férias são discutidas com todos os membros da família.

> **Família:** grupo de duas ou mais pessoas relacionadas entre si por laços de sangue, casamento ou adoção e que residem juntas.

> **Domicílio:** uma mesma unidade residencial que várias pessoas (aparentadas ou não) ocupam, identificadas por uma localização comum, um endereço.

A **família** pode ser definida como um grupo de duas ou mais pessoas relacionadas entre si por laços de sangue, casamento ou adoção e que residem juntas. No entanto, cada vez mais se usa o termo **domicílio**, que seria definido como uma mesma unidade residencial que várias pessoas (aparentadas ou não) ocupam, identificadas por uma localização comum, um endereço.

Algumas variáveis afetam o poder de compra, como a idade do chefe de família ou domicílio, seu estado civil ou número de filhos. Outras variáveis são de caráter sociológico, como coesão (ligação emocional entre membros da família) e adaptabilidade (capacidade da família de mudar seus hábitos em função das necessidades).

As pessoas podem exercer diferentes papéis na hora da compra. Todo esse processo pode ser realizado individualmente, por uma pessoa da família, por grupos de pessoas ou mesmo por comitês em empresas.

Tradicionalmente, são cinco os papéis a serem exercidos: iniciador, influenciador, decisor, comprador e usuário. Em compras decididas por um indivíduo, muitas vezes todos os papéis do processo são desempenhados por uma única pessoa. Por exemplo, se uma pessoa sente fome (inicia o processo), ela mesma decide o que, quando e onde irá comer (decisor), bem como é ela que compra (comprador) e consome (usuário).

Quando o processo de compra envolve mais gente, esses papéis podem ser exercidos por pessoas bem diferentes; por exemplo: o filho fala para a mãe que está com fome e que quer tomar um sorvete. Nesse caso, ele está agindo como iniciador do processo. Contudo, sua irmã tem uma ideia diferente e sugere um lanche do McDonald's; ela está agindo como influenciadora. No entanto, a mãe pode decidir que todos comerão os lanches do Habib's (agindo como decisora) e pedir ao marido que vá comprá-los (o marido atua, então, como comprador), e todos comem, podendo ser vistos como usuários do produto comprado.

É preciso entender como uma família muda ao longo de seu ciclo de vida e como seus diferentes membros tomam decisões de compra. O conceito de ciclo de vida da família refere-se aos diferentes estágios pelos quais ela passa, desde o momento em que é composta por um único membro solteiro até estar formada apenas pelo que se denomina sobrevivente solitário, passando por várias fases.

Os estágios do ciclo de vida são caracterizados por duas dimensões: de um lado, necessidades e desejos, e, de outro, recursos. As necessidades e os desejos são determinados por fatores pessoais e ambientais, e os recursos consistem em tempo, dinheiro, perícia e energia física (esforço). O Quadro 2.2 apresenta as principais fases do ciclo de vida das famílias e suas características.

Em uma unidade doméstica tradicional, existem papéis que usualmente são desempenhados pela esposa e outros pelo marido, além de um terceiro grupo, que é desempenhado por ambos. Em geral, os aspectos que definem a maior ou menor participação de um dos cônjuges são: *status* do emprego da esposa, estágio de ciclo de vida da família, pressão de tempo, importância da compra, além do desenvolvimento socioeconômico da população.

Quadro 2.2 Ciclo de vida das famílias

Fase	Recursos	Necessidades e desejos
Jovens solteiros com renda ou jovens casais sem filhos	Sem responsabilidades financeiras	Interessados em moda, entretenimento e carreira compram roupas, lazer, equipamentos esportivos, aparelhos de som, carros, casas ou apartamentos, turismo
Casais com crianças	Menor disponibilidade financeira, insatisfação com renda e poupança	Interessados em novidade compram secadoras de roupa, vitaminas, lazer infantil, caminhonetes
Casais com filhos crescidos em casa	Melhor situação financeira, mais mulheres trabalhando	Compram produtos de decoração, mobiliário, revistas, carro para os filhos
Casais mais velhos sem filhos em casa	Pico de disponibilidade financeira	Interessados em turismo, recreação e cultura compram novas residências, carros de luxo, turismo
Aposentados sem filhos em casa e sobrevivente solitário	Redução drástica na renda e no consumo	Compram remédios, vitaminas, serviços médicos

Fonte: elaborado pelos autores.

Os filhos têm, cada vez mais, influência nas compras domésticas. As crianças, por exemplo, têm opiniões e gostos próprios e acabam influenciando as compras efetuadas por seus pais. Quando crescem e passam a ter seu próprio dinheiro, compram itens para seu uso pessoal e influenciam, também, as decisões que se referem a um consumo compartilhado por toda a família, como a decisão sobre o destino das férias.

A população brasileira até 14 anos é de aproximadamente 48 milhões de pessoas, representando cerca de 29% do total do país. Entre os produtos mais desejados pelas crianças estão: iogurte (76%), salgadinho (71%), balas e chocolates (70%) e refrigerantes (64%).[10]

Estudando um caso

Marketing infantil: empresas têm de exercer sua responsabilidade social, diz especialista

Para Nicolas Montigneaux, fundador e diretor da agência espanhola Kidekom, especializada em marketing infantil, e consultor de gestão de marcas de várias empresas internacionais, a questão principal do debate sobre a influência das estratégias de marketing em crianças está relacionada à capacidade de compreensão das crianças.

[...]

"Muitos profissionais do marketing defendem que crianças entendem completamente as propagandas ou seu objetivo de persuasão. Por outro lado, pesquisas independentes confirmaram a influência da mídia sobre uma grande proximidade entre os gostos das crianças e as necessidades percebidas e o conteúdo dos programas aos quais elas assistem.

continua

[10] LUKIANOCENKO, M. Criança: o cliente de hoje e amanhã. *SuperHiper*, São Paulo, n. 334, p. 54-59, ago. 2003.

continuação

A efetividade da publicidade aumenta quando os anúncios são mostrados nos intervalos dos programas voltados a elas", diz Montigneaux. De acordo com o especialista em mercado infantil, a maioria das organizações de consumidores da Europa pede por limitações mais severas de atividades comerciais direcionadas às crianças. Dos países da União Europeia, somente quatro — França, Irlanda, Holanda e Reino Unido — não consideram propaganda voltada às crianças como nocivas; e a Espanha considera não democrática uma proibição na propaganda. "A situação está mudando e provavelmente vai haver um aumento na regulamentação, tornando-a muito mais restritiva", diz.

Ele conta que na Suécia, por exemplo, propagandas na televisão para menores de 12 anos foram banidas, alega-se que eles têm dificuldade em entender o propósito da propaganda. As leis proíbem também doces em prateleiras de lojas que estejam ao alcance das crianças pequenas. Já a Grécia tem uma restrição para propagandas de brinquedos infantis, que não podem ser veiculadas entre 7h da manhã e 10h da noite. Para Montigneaux, a publicidade hoje não é tanto sobre o produto, mas muito mais sobre o caráter do consumidor, e como ele deveria se sentir quando usam ou possuem o produto. "As mensagens são sobre alegria, *status* social ou sucesso que acompanham a posse ou o consumo de certo brinquedo ou tipo de comida. Crianças que estão expostas a muita propaganda são, deste modo, educadas sobre o viver em uma sociedade de consumo", explica.

Uma companhia privada também tem uma responsabilidade corporativa e social, diz o especialista. "As empresas precisam mudar a relação (e o conteúdo dessa relação) entre uma marca e as crianças/os pais, pensando sobre como uma marca pode enriquecer parte de suas vidas e não somente ter uma 'proposta comercial'. Estamos trabalhando na Kidekom há oito anos em programas que aliam educação ao entretenimento", diz. Ele acredita que discutir sobre marketing infantil representa uma contribuição à sociedade e aos futuros cidadãos tomadores de decisão. "A questão é encontrar equilíbrio entre os direitos de uma indústria promover seus produtos e serviços e o papel do Estado em proteger grupos vulneráveis, como as crianças", conclui Montigneaux.

Fonte: disponível em: <http://vitrinepublicitaria.com/noticiasdomercado2.asp?menucodigo=5204 &Pag Atual=7>. Acesso em: 16 out. 2012.

2.3.3 Classes sociais

Classe social: define grupos de pessoas em termos derelação à renda e ao nível de instrução, além de representar o que as pessoas fazem com seu tempo, o que compram, onde e como fazem suas compras.

A **classe social** de um indivíduo é definida, comumente, levando-se em conta apenas a renda. Assim, quem recebe um salário muito alto é considerado pertencente à classe A, enquanto quem ganha salário mínimo estaria na classe D. Contudo, classe social é mais do que isso: representa o que as pessoas fazem com seu tempo, o que compram, onde e como fazem suas compras. Os consumidores associam marcas de produtos a classes sociais específicas — os perfumes Bulgari e as bolsas Louis Vuitton, por exemplo, são considerados produtos de uma classe afluente. A compra e o consumo são diretamente afetados pela posição relativa na sociedade. Corinthians e Flamengo são times do "povão", enquanto São Paulo e Fluminense são vistos como times de elite.

A escola funcionalista da sociologia analisa a sociedade como uma totalidade harmônica em que o consumo é a soma de crenças e comportamentos individuais mais um elemento externo, composto pelas pessoas que o circundam. De acordo com essa visão, cada indivíduo tem uma posição na sociedade, correspondente ao papel que desempenha. Isso é o que se chama de *status* e que é utilizado comumente na administração. Dessa forma, ***status*** é a posição que o indivíduo ocupa na sociedade e que corresponde ao papel que desempenha.

Já a linha marxista vê a sociedade como um todo não harmônico em que o normal é a luta de classes sociais. Em outras palavras, um todo conflituoso, marcado por relações de dominação. Todavia, na hierarquia social, percebem-se não classes, mas estratos sociais; alguns acabam denominando incorretamente esses estratos sociais de classes. Por exemplo, as classes A, B e C são, na verdade, estratos sociais.

A classe social pode ser determinada por nove importantes variáveis, descobertas na pesquisa sobre classe social. Elas foram identificadas em três categorias: variáveis econômicas, de interação e políticas.

Entre as **variáveis econômicas**, destacam-se ocupação (que é o melhor indicador simples de classe social, pois o trabalho afeta o estilo de vida e é uma importante base para prestígio e respeito), renda e riqueza.

As **variáveis de interação** envolvem prestígio pessoal (sucesso em relação a colegas de profissão), associação e socialização; estas duas últimas são consideradas determinantes básicos da classe social de uma pessoa.

Como **variáveis políticas,** podem ser citadas: poder, consciência de classe (refere-se ao grau em que as pessoas em uma classe social têm consciência de si mesmas como um grupo distinto com interesses políticos e econômicos partilhados) e mobilidade (movimentos de pessoas que passam de uma classe social para outra).

Existe um elemento muito importante a ser considerado, que é a questão aspiracional. Muitos consumidores desejariam ascender a classes superiores, mas essa mobilidade é cada vez mais difícil. Por causa disso, a classe média tem de se contentar em comprar produtos que sejam considerados símbolos das classes superiores, maneira de distinguir-se e reforçar a autoimagem.

Em marketing, em vez de classe social, deveria ser utilizada a expressão *estrato socioeconômico*. Segundo Moriguchi e Mattar,[11] a estratificação socioeconômica deveria permitir:

- a quantificação dos segmentos do mercado;
- a comparação dos segmentos, em termos de potencial de compra, necessidades e desejos;

[11] MORIGUCHI, Stela N.; MATTAR, Fauze N. Estratificação socioeconômica: em busca de maior estabilidade nos modelos utilizados em marketing. In: *Assembleia do Conselho Latino-Americano de Escolas de Administração*, 37, 2002, Porto Alegre. *Anais*, 2002.

- o acompanhamento da evolução do consumo, necessidades e desejos por segmento;
- a comparação entre os resultados de pesquisas realizadas em diferentes regiões do país e em âmbito global.

Desde 1997, a maior parte das empresas de pesquisa adota o Critério de Classificação Econômica Brasil, que enfatiza a estimativa do poder de compra das pessoas e famílias urbanas, e não mais a intenção de classificar a população por classes sociais. Assim, a divisão do mercado é realizada com base em classes econômicas.

As pessoas usam mercadorias como forma de criar vínculos ou estabelecer distinções sociais. Além disso, procuram os prazeres emocionais do consumo: os sonhos e desejos celebrados no imaginário cultural consumista e em locais específicos de consumo, que produzem diversos tipos de excitação física e prazeres estéticos.

2.3.4 Cultura e microculturas

Cultura é um conceito oriundo da antropologia e refere-se a tudo que ajuda os indivíduos a se comunicar, interpretar e se avaliar como membros da sociedade, mas não inclui instintos nem comportamentos ou características individuais. A cultura pode ser vista como um conjunto inter-relacionado e complexo de elementos que incluem conhecimento, crenças e valores, artes, leis, maneiras e moral, bem como quaisquer outras formas de habilidades e hábitos adquiridos por um ser humano pertencente a uma sociedade em particular.

> **Cultura:** conceito oriundo da antropologia que se refere a tudo que ajuda os indivíduos a se comunicarem, interpretarem e se avaliarem como membros da sociedade, mas não inclui instintos nem comportamentos ou características individuais.

Usunier[12] destaca as principais fontes de cultura, conforme ilustrado na Figura 2.8.

Figura 2.8 Fontes de cultura

Fonte: USUNIER, Jean-Claude. *Marketing across cultures*: a cultural approach. London: Prentice Hall, 1996.

[12] USUNIER, Jean-Claude. *Marketing across cultures*. London: Prentice Hall, 1996.

A cultura tem um impacto profundo na maneira como os consumidores se percebem, nos produtos que compram e usam, nos processos de compra e na escolha das organizações das quais comprar. Por exemplo: os brasileiros têm o hábito de comer o abacate com açúcar, já os mexicanos o comem com sal e pimenta, como no guacamole.

Hofstede[13] identificou quatro dimensões na cultura que são comuns em 66 países. O Quadro 2.3 apresenta esses quatro fatores e os exemplifica.

Quadro 2.3 As quatro dimensões da cultura identificadas por Hofstede

Individualismo *versus* coletivisno Neste fator, observa-se o valor que o indivíduo dá à promoção de seus próprios objetivos e aos da coletividade a que pertence, havendo sociedades em que ocorre a predominância de uma ou de outra dimensão.		**Distância da autoridade** Este fator representa o grau em que uma sociedade aceita a desigualdade de poder em níveis diferentes em organizações e instituições.	
Individualismo	**Coletivismo**	**Grande**	**Pequena**
• Laços frouxos entre os indivíduos. • Interesse próprio prevalece sobre o do grupo. • Grande liberdade pessoal. • Ex: Estados Unidos	• Laços fortes entre os indivíduos. • Interesses do grupo prevalecem sobre interesses próprios. • Liberdade pessoal limitada. • Ex: Sociedades asiáticas.	• Autoridade entre membros de diferentes estratos. • Subordinados devem manter distância de seus superiores. • Subserviência. • Ex: Egito	• Igualitarismo entre os membros de diferentes estratos. • Relações verticais. • Relações informais. • Ex: Australia

Aversão à incerteza Este fator diz respeito às diferentes maneiras pelas quais as sociedades reagem às incertezas e ambiguidades inerentes à vida.		**Masculinidade versus feminilidade** Este fator define a extensão na qual as sociedades mantém valores tradicionalmente relacionados como predominantimente masculinos ou femininos	
Alta	**Baixa**	**Masculinidade**	**Feminilidade**
• Aceita cada dia como ele se apresentar. • Ex: culturas mediterrâneas.	• Tentativa de dominar o mundo. • Alto grau de ansiedade. • Ex: europeus do norte.	• Distinção nítida entre os papéis assertivos que os homens desempenham e os papéis serviçais que se espera que as mulheres assumam. • Valores dominantes são o dinheiro, o sucesso e coisas materiais.	• Enfatiza valores referentes à qualidade de vida, preservação do meio ambiente, ajuda ao próximo e consideração das relações acima do dinheiro e das realizações, bem como a ideia de que "o pequeno é bonito".

Fonte: adaptado de SHETH; MITTAL; NEWMAN, 2001, p. 157-159.

[13] HOFSTEDE, Geert; BOND, Michael. Hofstede's culture dimensions: an independent validation using Rokeach's value survey. *Journal of Cross-Cultural Psychology,* Le Tilburg, v. 15, p. 417-433, Dec. 1984. Apud SHETH; MITTAL; NEWMAN, 2001, p. 157-159.

Alguns autores subdividem uma cultura em subculturas; no entanto, como se pode atribuir certa inferioridade ao termo, tem-se preferido adotar o termo microcultura, assim:

- **Macrocultura** — refere-se a valores e símbolos que se aplicam a uma sociedade inteira ou à maioria de seus cidadãos.
- **Microcultura** — refere-se a valores e símbolos de um grupo restrito, sejam eles formados em torno da nacionalidade, religião, etnia, atributos físicos, localização geográfica ou outra subdivisão do todo.

Normas e valores exclusivos de grupos específicos ou microculturas podem ser chamados de padrões étnicos.[14] Etnia é um processo de identificação de grupo, pelo qual a pessoa usa rótulos para identificar os outros e a si mesma.

Cabe destacar a crescente presença de microculturas compostas por grupos religiosos e a influência que vêm demonstrando, como a de grupos religiosos pentecostais ou católicos carismáticos. Como resposta a isso, já há empresas que se apresentam claramente como professando determinada opção religiosa.

2.4 o processo de decisão de compra do consumidor

O processo de decisão de compra é influenciado por muitos fatores, como motivações internas, pressões sociais e mesmo pela atividade de marketing. Em síntese, três elementos interagem entre si e influenciam a tomada de decisão do consumidor. O primeiro refere-se às características próprias do indivíduo, chamadas *diferenças individuais*, tais como conhecimento, atitude, motivação, valores e estilos de vida. Outro elemento é composto pelas *influências ambientais*, que se encontram no contexto em que os indivíduos vivem, tais como cultura, família e classe social. Por fim, os *processos psicológicos* do indivíduo, como aprendizagem, mudança de atitude e comportamento, também influenciam sua tomada de decisão. Na mente de cada consumidor, todas as influências interagem entre si, culminando em uma decisão que ele julga ser a mais adequada. Toda solução de um problema envolve a avaliação das características (ou atributos) do produto, em termos tanto funcionais como hedonistas.

As pessoas podem vir a consumir em diferentes locais e momentos, e isso altera, muitas vezes, o seu comportamento de compra. O produto pode ser consumido em casa ou em público, no trabalho, em restaurantes, na praia ou

[14] ENGEL; BLACKWELL; MINIARD, 2000, p. 414.

em qualquer outro lugar. No caso de produtos consumidos em casa, em geral, a decisão de compra é muito anterior ao consumo, enquanto no caso de produtos consumidos em um restaurante, por exemplo, a decisão de compra é tomada no ato, sendo influenciada pelas pessoas que acompanham o consumidor. O consumo feito na presença de outras pessoas é diferente do realizado na privacidade do lar. Por muitos anos, não se comia mortadela em público pelo fato de ela ser considerada um produto proletário; havia uma nítida preferência por consumir presunto ou afins em função da imagem que o consumidor desejava passar.

Outro elemento interessante é a gratuidade de um produto: as pessoas tendem a relevar a baixa qualidade de algo que é oferecido de graça. Se estivessem pagando pelo mesmo produto ou serviço, a sensibilidade à qualidade seria muito maior.

Tipicamente, uma decisão de compra envolve alguns aspectos: se a compra deve ocorrer, o que comprar, quando comprar, de quem comprar e como pagar. O consumidor (em geral) possui condições financeiras limitadas; logo, as pessoas estão sempre pesando as alternativas de gasto e fazendo opções. Uma vez definida a compra, passa-se a efetuar uma decisão sobre o que comprar, em termos de marcas, modelos, locais de compra e assim por diante. Tradicionalmente, observou-se que existe uma série de passos que o consumidor executa no seu processo de decisão de compra, conforme mostra o esquema da Figura 2.9.

Figura 2.9 Processo de decisão de compra

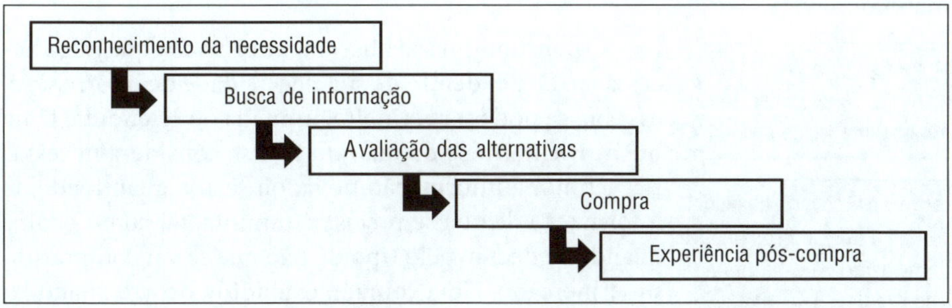

Fonte: elaborada pelos autores com base em BLACKWELL, Roger D.; MINIARD, Paul W.; ENGEL, James F. *Consumer Behavior.* 9. ed. South-Western College Pub, 2000.

2.4.1 Reconhecimento da necessidade

O reconhecimento da necessidade ocorre quando o consumidor sente falta de algo; é a percepção de que existe um estado de desconforto (físico ou psicológico) que pode ser amenizado para se voltar ao estado normal. Em outras palavras, a pessoa percebe uma diferença entre como ela gostaria de se sentir e como de fato está se sentindo. Pode ocorrer um estímulo interno: a sensação de vazio no estômago, por exemplo, traz a lembrança de que está na hora do almoço, ou uma sensação de desconforto por não saber o que fazer nos leva a beber um café expresso, fumar um cigarro ou comer um chocolate. Outro tipo de estímulo seria o externo, o qual faz que nos lembremos de comprar um presente quando vemos uma propaganda ou de comer um pão de queijo quando sentimos o seu cheiro saindo de uma padaria. Nesse caso, o estímulo não vem de dentro da pessoa, mas é causado por um elemento externo a ela.

2.4.2 Busca de informação

Uma vez reconhecida a necessidade, as pessoas vão buscar informações sobre as possibilidades de resolução do problema. Essa busca pode dar-se internamente: ao sentirmos fome, buscamos na memória os locais em que é possível almoçar nas imediações; ou externamente: perguntamos a alguém ou lemos propagandas, livros, ou recorremos a qualquer outra fonte que não seja a própria memória. Três perguntas compõem essa fase de busca. São elas: quais as fontes de informação? Quais as estratégias de busca? E, por fim, quanto tempo será dedicado à busca?

O consumidor procura suas informações basicamente de três maneiras: em fontes empresariais, como propagandas, folhetos, sites da empresa e internet; em fontes pessoais, como amigos ou outras pessoas com experiência sobre o que se deseja adquirir; ou, ainda, em fontes independentes, como análises de produtos feitas por órgãos de defesa do consumidor — estas são consideradas as mais confiáveis.

O consumidor vai buscar a informação que julga necessária. Dependendo de sua necessidade de informação, essa busca pode ser rotineira, limitada ou estendida. Uma **busca rotineira** se dá quando não se considera necessária nenhuma informação nova, ou seja, a quantidade de informação de que se precisa é mínima, tal como ocorre quando se decide pelo tipo de pão que se vai comprar no supermercado. Uma **solução estendida** ocorre quando a busca por informações é prolongada e cuidadosa, bem como há grande investimento de tempo e energia, pois os riscos de uma decisão errada são grandes. É o que ocorre na decisão de compra de um novo carro ou geladeira, na qual se faz uma extensa pesquisa acerca dos atributos do produto, adequabilidade, preço etc. Por fim, na **busca limitada**, o consumidor investe algum tempo e energia para buscar e avaliar soluções alternativas, mas não muito, pois o risco é limitado ou o serviço não é complexo ou

> **Busca rotineira:** é a busca que ocorre quando não se considera necessária nenhuma informação nova.

> **Solução estendida:** ocorre quando a busca por informações é prolongada e cuidadosa, bem como há grande investimento de tempo e energia, pois os riscos de uma decisão errada são grandes.

> **Busca limitada:** o consumidor investe algum tempo e energia para buscar e avaliar soluções alternativas, mas não muito, pois o risco é limitado ou o serviço não é complexo ou técnico.

técnico. Pode-se citar, por exemplo, a decisão de compra de um vinho para servir em um jantar familiar.

Um ponto de extrema importância é o **envolvimento**, que pode ser definido como a importância pessoal e/ou interesse que o consumidor associa à aquisição, ao consumo e à disposição de um bem, serviço ou ideia.[15] O que gera o envolvimento na compra é o grau de risco, ou seja, com qual perda o consumidor arcará no caso de uma escolha errada. Quanto maior o risco percebido, maior a probabilidade de que a compra seja adiada ou, de qualquer forma, de que a busca e a deliberação sejam extensivas. O risco pode advir do desempenho (aquém do esperado), da esfera social (quando um grupo importante para a pessoa não aprova a escolha), ser pessoal (quando não reflete a própria pessoa) ou mesmo financeiro.

Envolvimento: a importância pessoal e/ou interesse que o consumidor associa à aquisição, ao consumo e à disposição de um bem, serviço ou ideia.

Como o envolvimento sugere uma continuidade de interesse do consumidor pelo produto ou serviço, merecem alto envolvimento aqueles produtos ou serviços importantes pelo custo, valor social ou novidade, os quais implicam maior risco, necessitam de maior atenção para a decisão e demandam grande uso da informação. Já as decisões de baixo envolvimento estão na outra extremidade, suscitam menor interesse ou busca de informação, porque o risco é pequeno e, portanto, o esforço é reduzido.[16]

Mowen e Minor[17] afirmam que o envolvimento pode ter múltiplas dimensões, e cada um dos fatores a seguir age no aumento do envolvimento do consumidor com a compra:

- Importância de autoexpressão — produtos que auxiliam as pessoas a expressar seu autoconceito para os outros.
- Importância hedônica — produtos que são agradáveis, interessantes, divertidos, fascinantes e excitantes.
- Relevância prática — produtos que são essenciais ou benéficos por razões utilitárias.
- Risco de compra — produtos que criam incertezas porque uma má escolha causaria extremo aborrecimento para o comprador.

O envolvimento com a compra afeta diretamente o quanto o consumidor se dedica à busca e ao processamento das informações. Um envolvimento duradouro leva o consumidor a desenvolver experiência na categoria e a fazer da busca por

[15] MOWEN, J. C.; MINOR, M. S. *Consumer behavior.* Upper Saddle River: Prentice Hall, 1998. p. 65.

[16] VAUGHN, R. How advertising works: a planning model. *Journal of Advertising Research,* New York, v. 20, n. 5, p. 27-33, 1980.

[17] MOWEN; MINOR, 1998, p. 65.

informações uma constante em seu cotidiano, interessando-se pelos cuidados com o produto, procurando melhorá-lo e atualizá-lo.

2.4.3 Avaliação das alternativas

A avaliação das alternativas pré-compra pode ser definida como o processo em que uma alternativa, entre as várias possíveis, é selecionada para atender às necessidades do consumidor.

Algumas dimensões específicas são usadas na avaliação das alternativas de escolha, tais como preço, nome da marca e país de origem do produto. Esses critérios dependem de uma série de fatores, como a influência situacional. Se não há tempo para sair para almoçar, alguém pode optar por um lanche entregue no escritório, apesar de não ser a escolha de local de sua refeição em qualquer outra ocasião.

O elemento final do processo de avaliação de alternativa pré-compra é o que se chama de *regra de decisão*, ou seja, aquilo que os consumidores usam para tomar uma decisão entre as alternativas possíveis. Essa regra pode variar de procedimentos simples, como em uma escolha habitual, em que se compra a mesma marca da última compra, até decisões mais complexas. Para essas decisões, as regras podem ser de dois tipos: compensatórias e não compensatórias.

Em um **modelo compensatório**, o consumidor avalia mentalmente cada atributo do produto ou serviço: um ponto fraco em um atributo pode ser compensado pelo desempenho forte ou superior em outro atributo. Já para os **modelos não compensatórios**, o ponto fraco em um atributo não pode ser compensado por seu desempenho forte em outro atributo. Sheth[18] apresenta alguns modelos de regras não compensatórias, descritos a seguir:

- **Modelo conjuntivo** — nesse modelo, o consumidor começa determinando os limites mínimos indispensáveis para todos os atributos importantes. Se a marca atende aos cortes para todos os atributos, ela é escolhida. Por exemplo, na compra hipotética de uma geladeira, Marina pode considerar fundamental a existência de freezer (não um congelador interno), bem como espaço definido para ovos, latas de bebidas e frios ou carnes, além de um consumo de eletricidade mínimo. O modelo que atender a essas exigências será o escolhido.
- **Modelo disjuntivo** — esse modelo implica compensações entre aspectos das alternativas de escolha. Algumas vezes, o cliente está disposto a compensar um atributo por outro. Considera a simples presença ou ausência de atributos, e não o grau ou a medida em que esses atributos estão presentes. Por exemplo: para outro comprador, Thiago, que não cozinha em

[18] SHETH; MITTAL; NEWMAN, 2001.

casa, o importante em uma geladeira é que exista um local para fazer gelo. Além disso, na geladeira deve caber muita cerveja e algumas coisas para fazer lanches eventuais — e, é claro, o vendedor precisa oferecer um preço bem baixo. Thiago pode optar por uma geladeira com congelador em vez de freezer, pequena, com um preço mais acessível.

- **Modelo lexicográfico** — cada alternativa tem seus atributos ordenados ou classificados quanto à importância. Todas as alternativas são avaliadas com base no critério mais importante. Se houver mais de uma alternativa no conjunto de escolhas, os consumidores escolhem, então, o segundo critério mais importante, e assim sucessivamente. Por exemplo: Manoel quer uma geladeira em que caiba muita coisa, com bom aproveitamento na porta e consumo de eletricidade baixo. A sua escolha será feita com base em cada um desses aspectos.
- **Eliminação por aspectos** — o cliente classifica os atributos em ordem de importância e, além disso, define valores de eliminação. Primeiro, ele examina todas as alternativas em relação ao atributo mais importante, admitindo para mais considerações apenas as que satisfaçam o nível mínimo nesse atributo. Outro exemplo: Sandra também está comprando uma geladeira, mas, para ela, o fundamental é que a geladeira caiba no espaço que a anterior ocupava. Entre as geladeiras que cabem nesse espaço, ela vai escolher a que tem a marca de sua preferência. Se duas couberem e forem de sua marca preferida, entra em questão o seu terceiro critério: distribuição do espaço interno.

2.4.4 Compra

Assim que o consumidor identifica sua alternativa favorita e toma sua decisão, a fase seguinte é a da compra em si. No entanto, nem sempre essa compra é efetuada, por causa de fatores como: não encontrar a marca ou o produto escolhidos, uma modificação na necessidade (que pode ter sido atendida de outra forma ou mesmo substituída por uma outra necessidade mais importante) ou o surgimento de uma nova informação, que faz a avaliação anterior parecer insatisfatória.

A compra pode ser **totalmente planejada**, quando se sabe com precisão o que se vai comprar, inclusive a marca. Já em uma **compra parcialmente planejada**, sabe-se o que se deseja comprar, mas a marca será decidida no ponto de venda. A **compra não planejada**, por sua vez, ocorre quando o consumidor decide a compra e a marca no ponto de venda, tal como a simples compra de um item que não está no estoque da loja.

Compra totalmente planejada: é o tipo de compra em que se sabe com precisão o que se vai comprar, inclusive a marca.

Compra parcialmente planejada: é o tipo de compra em que se sabe o que se deseja comprar, mas a marca será decidida no ponto de venda.

Compra não planejada: é o tipo de compra em que o consumidor decide o que comprar e a marca no ponto de venda.

Compra por impulso: compra não planejada com características extras, como o sentimento de urgência e a necessidade de ação rápida.

Uma **compra por impulso** é uma compra não planejada com características extras, como o sentimento de urgência e a necessidade de ação rápida. Rook afirma que a compra por impulso ocorre:

> ... quando um consumidor experimenta uma repentina, e às vezes forte e persistente urgência, em comprar algo imediatamente. O impulso à compra é hedonicamente complexo e pode estimular conflitos emocionais. A compra por impulso é propensa a ocorrer com reduzida consideração pelas suas consequências.[19]

A compra por impulso é muito estimulada pela atividade de comunicação — fatores como atmosfera da loja, promoções, exposição dos produtos, entre outros, são decisivos para a decisão de compra por impulso.

Pesquisas[20] mostraram que 85% dos consumidores brasileiros decidem a marca do produto apenas no ponto de venda. Assim, as compras por impulso são mais frequentes que as pré-calculadas. Farina[21] menciona pesquisas realizadas em supermercados, segundo as quais o consumidor compra duas vezes mais do que o previsto. Cartões de crédito, caixas eletrônicos, varejos 24 horas e internet facilitam ainda mais a vida do consumidor, inclusive no que se relaciona à compra por impulso.

Uma pesquisa feita pelo Programa de Administração de Varejo (Provar) da Universidade de São Paulo (USP) mostrou que 37% das pessoas compram mais do que haviam planejado e gastam quase 20% a mais do que previam.[22] A propósito, veja a Tabela 2.1:

Tabela 2.1 Compra por impulso

Sexo	Gasto planejado	Gasto efetivo	Diferença de gasto	Tempo de permanência na loja	Gasto por minuto de loja
Masculino	R$ 77,24	R$ 90,53	17,2%	46 min	R$ 1,98
Feminino	R$ 99,64	R$ 119,35	19,8%	60 min	R$ 2,00

Fonte: BELLO, Alexandre. A tentação da gôndola. *IstoÉ Online*, São Paulo, 4 jul. 2002. Disponível em: <http://www.terra.com.br/istoedinheiro-temp/consumo/impulso/index.htm>. Acesso em: 16 out. 2012.

[19] ROOK, D. W. The buying impulse. *Journal of Consumer Research*, [Madison], v. 14, Sept. 1987.

[20] Apud D'AMBROSIO, Daniela. Roupagem nova transforma-se no principal apelo de 90% dos produtos. *Valor Econômico*, São Paulo, n. 561, 30 jul. 2002.

[21] FARINA, M. *Psicodinâmica das cores em comunicação*. 4. ed. São Paulo: Edgard Blucher, 1986.

[22] BELLO, Alexandre. A tentação da gôndola. *IstoÉ Online*, São Paulo, 4 jul. 2002. Disponível em: <http://www.terra.com.br/istoedinheiro-temp/consumo/impulso/index.htm>. Acesso em: 16 out. 2012.

2.4.5 Experiência pós-compra

O processo da compra se encerra com a avaliação da experiência pelo consumidor, incluindo sua satisfação ou insatisfação e qual será sua resposta futura (abandono, reclamação ou lealdade). O processo de consumo pode ser interrompido por vários fatores, como o arrependimento do consumidor, quando não há aprovação por outros membros da família ou, ainda, quando encontra outras alternativas desejáveis.

Como resposta futura, preveem-se três alternativas possíveis: o abandono (a insatisfação gera a decisão de não voltar a comprar); a reclamação (a insatisfação pode levar a reclamações e à posterior decisão de dar ou não à marca ou à empresa uma nova chance); e, por fim, a lealdade (o que significa que o produto será comprado repetidas vezes).

Recentemente, o problema de descarte do produto depois do consumo passou a representar um importante foco de interesse, sobretudo em razão da crescente preocupação ambiental, envolvendo elementos como a reciclagem e o remarketing (crescente importância na venda de itens usados).

2.5 influências situacionais

Além das influências individuais, sociais e psicossociais, outro tipo de influência é muito relevante para os profissionais de marketing: as **influências situacionais**, isto é, aquelas que atuam no momento da compra ou do consumo e que podem interferir no processo de decisão.

Influências situacionais: são aquelas que atuam no momento da compra ou do consumo e que podem interferir no processo de decisão.

Esse tipo de influência é transitório, pois não faz parte das características da pessoa, mas, sim, do ambiente em que ela está. Por exemplo, uma pessoa pode não beber cerveja usualmente, mas em um bar e na companhia de amigos pode vir a consumir esse produto.

Alguns elementos têm sido estudados, tais como os efeitos que uma multidão causa nas pessoas ou o efeito da música ambiente. Por exemplo, uma música rápida em um restaurante *fast-food* faz que o consumidor coma mais rapidamente. Há também os efeitos do aroma: o consumidor tende a perceber uma melhor qualidade dos produtos em lojas suavemente perfumadas. No varejo, essas influências são particularmente importantes, envolvendo toda a atmosfera da loja.

2.6 o processo de compra empresarial

Embora relativamente similar à compra pelo consumidor, a compra empresarial se diferencia dela em alguns aspectos, como o número de compradores menor, mas de maior porte, e o fato de ser decidida em um âmbito mais profissional e racional.

Recompra direta: compra habitual, frequente e, consequentemente, de baixo envolvimento.

Recompra modificada: compra que envolve a consideração de um maior número de alternativas e fornecedores em um processo de decisão um pouco mais complexo do que o da compra direta.

Nova compra: compra cuja situação é mais complexa e difícil, pois envolve, em geral, a primeira aquisição de um bem importante.

A compra empresarial se apresenta basicamente de três maneiras: a recompra direta; a recompra modificada; e a nova compra. A **recompra direta** é habitual e frequente, ou seja, trata-se de uma compra rotineira e de baixo envolvimento, tal como ocorre com material de escritório. Já a **recompra modificada** envolve a consideração de um maior número de alternativas e fornecedores em um processo de decisão um pouco mais complexo do que o anterior. Caracteriza, por exemplo, a compra de um veículo ou de equipamentos de informática. Por fim, a **nova compra** é a situação mais complexa e difícil, pois envolve, em geral, a primeira aquisição de um bem importante. A aquisição de novos equipamentos para produção ou uma nova instalação para uma fábrica são exemplos desse tipo de compra.

O processo de decisão da compra empresarial envolve, geralmente, longas negociações. Algumas variáveis indicadas por Telles[23] são consideradas na análise da compra empresarial: desempenho (ligado à eficácia do produto); custo (envolve todos os recursos necessários); assistência técnica (serviços de suporte em desenvolvimento, implantação e serviço); condições de entrega (ligadas, entre outros fatores, à periodicidade, à confiabilidade e ao acondicionamento); condições de pagamento (forma de remuneração ao fornecedor); bases contratuais (envolve a estrutura da formalização das condições de entrega e/ou desenvolvimento validadas por ambos os lados); e atributos associados (características vinculadas ao produto).

Tentar entender o comportamento do consumidor é uma tarefa inesgotável, pois esse consumidor está em eterno estado de crescimento e mutação. Observá-lo nunca é entediante, já que existem sempre coisas novas a serem notadas e acompanhadas, sendo muito gratificante identificar tendências e transformações e, com base nelas, criar produtos e serviços que tragam maior satisfação ao cliente. O capítulo a seguir tornará tangíveis, em forma de segmentação e posicionamento, os conceitos vistos neste capítulo.

---

[23] TELLES, Renato. *B2B:* marketing empresarial. São Paulo: Saraiva, 2003.

resumo

Uma vez que o consumidor pode ser considerado o centro da atividade mercadológica, o capítulo principiou com uma discussão sobre por que estudar o comportamento do consumidor e o que é preciso saber sobre ele. Depois, apresentaram-se os tipos de variáveis que influenciam esse comportamento. Entre as variáveis individuais, destacaram-se as biológicas e genéticas, como raça e gênero; a percepção e a aprendizagem, que se referem à maneira como cada indivíduo reconhece, seleciona, organiza e interpreta a informação que recebe do ambiente por meio dos cinco sentidos; a motivação e a emoção, que se referem a estímulos que fazem a pessoa agir de determinada maneira; as atitudes, que são predisposições aprendidas de responder a um objeto ou a uma classe de objetos de forma conscientemente favorável ou desfavorável; a personalidade, que consiste no modo como o indivíduo responde ao ambiente em que vive, de maneira constante; e, por fim, o estilo de vida, conceito que abrange os padrões nos quais as pessoas vivem e gastam tempo e dinheiro, bem como refletem suas atividades, seus interesses e opiniões.

Os hábitos de compra são determinados socialmente. Entre as variáveis sociológicas e psicossociológicas, destacam-se a influência dos vários grupos de referência. A família é considerada o grupo de referência mais importante. Classes sociais e cultura também exercem forte influência sobre o consumidor. No fim do capítulo, foram abordados os passos que compõem o processo de decisão de compra e a influência das variáveis situacionais. A discussão se encerrou com o processo de compra empresarial e os fatores que influenciam essa compra.

questões para revisão e discussão

1. Por que é importante estudar o comportamento do consumidor?
2. Cite e explique as etapas do processo de decisão de compra do consumidor.
3. Dê exemplos de produtos que sofrem influência das variáveis demográficas e biológicas. Justifique sua resposta.
4. Explique a hierarquia das necessidades de Maslow e discuta sua utilização no estudo do comportamento do consumidor.
5. Entreviste um colega de turma e pergunte sobre uma compra de alto envolvimento que ele tenha feito. Explore cada variável.
6. O que são grupos de referência? Aponte pelos menos três grupos diferentes que influenciam uma compra sua e explique que tipos de grupos eles são e como se processa essa influência.
7. Exemplifique como a classe social e a cultura podem interferir em uma decisão de compra.

8. O processo de decisão de compra é composto de cinco passos. Explique--os utilizando os seguintes produtos: chocolate em barra e casa de praia.
9. Considere uma loja que você costuma frequentar. Analise as influências situacionais que você observa em ação nesse ambiente.
10. Em que a compra empresarial difere da do consumidor? Visite um site que atende aos dois tipos de cliente e compare como eles são tratados.

referências

BELLO, Alexandre. A tentação da gôndola. *IstoÉ Online,* São Paulo, 4 jul. 2002. Disponível em: <http://www.terra.com.br/istoedinheiro-temp/consumo/impulso/index.htm>. Acesso em: 16 out. 2012.

D'AMBROSIO, Daniela. Roupagem nova transforma-se no principal apelo de 90% dos produtos. *Valor Econômico,* São Paulo, n. 561, 30 jul. 2002. Seção Empresas e Tecnologia.

ENGEL, J. F.; BLACKWELL, R. D.; MINIARD, P. W. *Comportamento do consumidor.* 8. ed. Rio de Janeiro: LTC, 2000.

FARINA, M. *Psicodinâmica das cores em comunicação.* 4. ed. São Paulo: Edgard Blucher, 1986.

GOLDBERG, S. Produtos de fé. *IstoÉ,* São Paulo, 17 abr. 1996.

GRANDES redes adotam estratégias diferentes nos pontos de venda. *O Estado de S. Paulo,* São Paulo, p. B5, 27 mar. 2000.

LUKIANOCENKO, M. Criança: o cliente de hoje e amanhã. *SuperHiper,* São Paulo, n. 334, p. 54-59, ago. 2003.

MASLOW, Abraham H. *Motivation and personality.* New York: Harper & Row, 1970.

McGUIRE, William. Some internal psychological factors influencing consumer choice. *Journal of Consumer Research,* v. 2, p. 302-319, Mar. 1976.

MORIGUCHI, Stela N.; MATTAR, Fauze N. Estratificação socioeconômica: em busca de maior estabilidade nos modelos utilizados em marketing. In: *Assembleia do Conselho Latino-Americano de Escolas de Administração,* 37, 2002, Porto Alegre. *Anais,* 2002.

MOSS, Gloria. Differences in the design aesthetic of men and women: implications for product branding. *The Journal of Brand Management,* London, v. 3, n. 2, p. 51-61, Aug. 1995.

MOWEN, J. C.; MINOR, M. S. *Consumer behavior.* Upper Saddle River: Prentice Hall, 1998.

MOWEN, J. C.; MINOR, M. S. *Comportamento do consumidor.* São Paulo: Prentice Hall, 2003.

MURRAY, Edward J. *Motivação e emoção.* Rio de Janeiro: Zahar, 1978.

PETTY, R. E.; CACIOPPO, J. T. *Communication and persuasion:* central and peripheral routes to attitude change. New York: Springer-Verlag, 1986. (Springer Series in Social Psychology).

RAIO X da população: alguns resultados do censo. *O Estado de S. Paulo,* São Paulo, 20 dez. 2001. Disponível em: < http://acervo.estadao.com.br/pagina/#!/20011220-39510-nac-10-ger-a11-not>. Acesso em: 16 out. 2012.

ROOK, D. W. The buying impulse. *Journal of Consumer Research,* [Madison], v. 14, Sept. 1987.

SCHIFFMAN, L. G.; KANUK, L. L. *Consumer behavior.* 7. ed. Upper Saddle River: Prentice Hall, 2000.

SHETH, Jagdish; MITTAL, Banwari; NEWMAN, Bruce. *Comportamento do cliente*: indo além do comportamento do consumidor. São Paulo: Atlas, 2001.

SOLOMON, M. R. *Consumer behavior.* 3. ed. Englewood Cliffs: Prentice Hall, 1992.

STERNBERG, Robert J. *In search of the human mind.* Forth Worth: Harcourt Brace, 1998.

TELLES, Renato. *B2B:* marketing empresarial. São Paulo: Saraiva, 2003.

USUNIER, Jean-Claude. *Marketing across cultures.* London: Prentice Hall, 1996.

VAUGHN, R. How advertising works: a planning model. *Journal of Advertising Research,* New York, v. 20, n. 5, p. 27-33, 1980.

WRIGHT, L. T. Exploring the need for extended research: an investigation of consumer attitudes to product labeling. *Journal of Product and Brand Management,* Toller Lane, v. 6, n. 6, p. 417-427, 1997.

CAPÍTULO 3

Pesquisa de marketing

Objetivos
do capítulo

O entendimento deste capítulo deve possibilitar ao leitor:

1. identificar o papel da informação no marketing;
2. distinguir dados de informações, bem como fontes primárias de fontes secundárias;
3. conceituar pesquisa de marketing;
4. enumerar e descrever os diferentes tipos de pesquisa;
5. identificar diferentes métodos de pesquisa e sua aplicabilidade;
6. explicar os diversos métodos de coletas de dados;
7. formular questionários;
8. planejar uma pesquisa, sua análise e resultados;
9. descrever a pesquisa on-line;
10. conhecer importantes sites de referência para pesquisa.

3.1 o papel da informação no marketing

Marketing sem informação é como dar um tiro sem usar a mira. Pode-se fazer um grande esforço, investir milhões, mas sem atingir os objetivos. De fato, se o conceito de marketing é entender e atender as necessidades e desejos do consumidor, faz sentido tentar entendê-lo por meio da pesquisa sistemática de mercado. Segundo Alvin Toffler,[1] na era da informação, o conhecimento passa a ser o grande diferencial das organizações. No entanto, como conseguir informação relevante para o negócio? Inúmeras são as maneiras, já que, na sociedade da informação, esta se encontra dispersa nos mais diversos meios, alguns mais próximos, outros mais distantes da organização. Grandes empresas, tendo conhecimento desse aspecto, organizam grandes sistemas de informação de marketing, que centralizam e tornam a informação disponível aos gestores.

O primeiro passo é distinguir entre dado e informação. A partir daí, reúnem-se os dados disponíveis e busca-se transformá-los em informação. Assim, a pesquisa fornece *inputs* para que os gestores de marketing possam elaborar planos e executar ações de marketing. Finalmente, uma simplificação pedagógica: utilizaremos neste capítulo as expressões "pesquisa de marketing" e "pesquisa de mercado" como sinônimas.

3.1.1 Dados versus informação

Dados: fatos e estatísticas.

Informação: dados organizados de modo que respondam às questões em aberto.

As empresas precisam de informações, não apenas de **dados**, que são fatos e estatísticas. A **informação** é composta por dados analisados e organizados de modo que respondam às questões em aberto.

Por exemplo, o fato de que a população do Brasil é de 191 milhões de pessoas não diz muito a respeito das possibilidades de negócio aqui presentes. Trata-se apenas de um dado. Quando se junta um outro dado, que mostra a existência de aproximadamente 225 milhões de aparelhos celulares em operação no país, então pode-se chegar à conclusão de que praticamente toda pessoa adulta no Brasil possui um desses aparelhos — muitas delas mais de um. Logo, deve haver mercado para uma infinidade de serviços apoiados nessa tecnologia, seja para pagamento de contas via celular, recebimento de informativos diversos via *short message service* (SMS), entre outros. Dois dados propiciaram, assim, uma análise sobre novas oportunidades de negócios. O acúmulo puro e simples de dados, estatísticas e números "puros" em si não são de muita valia para gestores de marketing. Um bom gestor de marketing, no entanto, sabe relacionar dados diversos e daí obter informação capaz de responder a questões pertinentes

[1] TOFFLER, Alvin. *A terceira onda*. São Paulo: Record, 1987.

ao marketing da empresa ou, inclusive, a novos empreendimentos — como já dizia um antigo ditado, "a informação é a alma do negócio".

Explore mais em:
<http://www.anatel.gov.br>

Diariamente, os gestores recebem on-line ou em papel uma série de dados sobre o mercado. Contudo, esse material só será informação se tiver valor para a tomada de decisão.

Algumas queixas dos profissionais de marketing quanto às informações que passam por sua mesa são:[2]

- existe um excesso de dados e poucas informações;
- as informações são dispersas, o que dificulta sua análise e compreensão;
- alguns executivos negligenciam informações por razões pessoais;
- muitas vezes, informações vitais demoram a chegar e, assim, perde-se a oportunidade de sua aplicação;
- em algumas situações, é difícil confirmar a veracidade da informação.

A melhor maneira de lidar com esses problemas é trabalhar com fontes seguras de dados, que poderão gerar, caso devidamente analisados, boas informações. De um profissional bem informado e experiente, pode-se dizer que possui amplo **conhecimento** do negócio. Assim, pode-se desenhar um trajeto envolvendo as categorias de dado, informação e conhecimento. Este capítulo irá deter-se na segunda categoria, informação, visto que a temática "gestão do conhecimento" extrapola os objetivos deste livro.

3.1.2 Fontes de dados

Os gestores podem obter dados dentro e fora da organização. Para saber sua participação de mercado por região, a Kellogg's, empresa de cereais, combina dados internos sobre o volume de venda por região com dados externos da A. C. Nielsen, empresa de pesquisa de marketing. A Nielsen informa, por exemplo, o volume de vendas das principais empresas de cereais por região. Essas informações permitem à Kellogg's atuar com estratégias de preços e promoções mais agressivas nas regiões em que estiver perdendo participação de mercado para a concorrência. Mas pesquisas convencionais não são a única fonte de dados de uma empresa. Certa vez, a empresa da área de cosméticos Avon foi acusada pela sua concorrente Mary Kay de vasculhar o lixo de seu escritório, em busca de seus dados, planos e estratégias.

De modo geral, o gestor tem duas fontes de dados disponíveis: internas e externas. Elas são assim chamadas por serem internas ou externas à organização.

[2] CHURCHILL, Gilbert A.; PETER, J. Paul. *Marketing:* criando valor para o cliente. São Paulo: Saraiva, 2003.

- **Fontes internas** — é possível encontrar grande riqueza de dados dentro da própria empresa. Por exemplo, faturamento por produto, por região, margem de lucro, quantidade de produtos em estoque, e até dados dos clientes armazenados em banco de dados. Para utilizar esses dados, basta checar sua consistência e verificar sua manutenção. Não é incomum haver dados distintos em departamentos diferentes, como financeiro e comercial; assim, antes de usá-los, é necessário verificar quais são os dados oficiais.
- **Fontes externas** — são dados relacionados ao ambiente externo. Normalmente, envolvem o macroambiente, como dados econômicos, políticos, tecnológicos e socioculturais, bem como dados sobre o mercado, relacionados aos consumidores, concorrentes, fornecedores e intermediários. No Quadro 3.1, são apresentadas importantes fontes externas de dados.

Quadro 3.1 Fontes externas de dados

Publicações setoriais. Exemplos: *Balanço anual da Gazeta Mercantil* (balanço das empresas); *Exame:* melhores & maiores (famosa relação das 500 maiores e melhores empresas no Brasil); *Panorama setorial da Gazeta Mercantil* (estudos setoriais); além das publicações específicas de cada setor.
Bancos de dados dos jornais e revistas. Exemplos: revistas como *Veja*, *Exame* ou jornais, como *Folha de S.Paulo* e *O Estado de S. Paulo*, disponibilizam dados on-line para consulta nos sites: <http://www.veja.com.br>; <http://www.exame.com.br>; <http://www.folha.uol.com.br>; <http://www.estadao.com.br>.
Relatórios do governo. Os dados mais utilizados provêm do Instituto Brasileiro de Geografia e Estatística (IBGE), como o censo e estatísticas sociais. Consultas disponíveis no site: <http://www.ibge.gov.br>.
Serviços de pesquisa. Empresas como A. C. Nielsen, Ibope, Research International, Instituto Gallup de Opinião Pública, Interscience, Indicator, entre outras.
Associações e grupos profissionais. Para escolher uma empresa de pesquisa, podem-se consultar as associações do setor, como a Associação Brasileira de Empresas de Pesquisa (Abep), no site: <http://www.abep.org.br>, e a Sociedade Brasileira de Pesquisa de Mercado (SBPM), no site: <http://www.sbpm.org.br>, além de associações internacionais, como The World Association of Opinion and Marketing Research Professionals (Esomar),[3] no site: <http://www.esomar.org>.
Pesquisas com clientes. Pesquisas contínuas ou sob demanda para avaliar a satisfação dos clientes, suas expectativas, hábitos e atitudes. Também podem ser feitas pesquisas observando-se os seus hábitos de compra, como horários e *mix* de produtos adquiridos no varejo, por exemplo.

Fonte: adaptado de CHURCHILL, Gilbert A.; PETER, J. Paul. ***Marketing***: criando valor para o cliente. São Paulo: Saraiva, 2003. p. 120.

[3] A Esomar é uma associação internacional que reúne profissionais de pesquisa de marketing. De origem europeia e com sede em Amsterdã, a entidade promove encontros visando à atualização e padronização da conduta no setor.

3.1.3 Dados primários e secundários

Dados primários: dados coletados especialmente para determinada pesquisa, diretamente com quem participa da ação.

Dados secundários: dados já disponíveis, preexistentes, pois foram coletados para algum outro propósito anterior, por exemplo, dados do censo do IBGE.

As fontes internas e externas permitem aos gestores obter em dados para responder a questões específicas. Esses dados podem ser classificados em dois tipos: dados **primários** e dados **secundários**. Os dados primários são coletados especialmente para determinada pesquisa, diretamente com quem participa da ação. Um exemplo de dados primários são aqueles recolhidos em uma pesquisa de satisfação do consumidor, os quais foram requisitados especificamente pelo próprio gerente de marketing. Os dados secundários, por sua vez, já estão disponíveis, preexistentes, pois foram coletados para algum outro propósito anterior. Por exemplo, dados do censo do IBGE, os quais foram colocados por essa instituição à disposição do público, para utilização em pesquisas empresariais ou acadêmicas. Portanto, ainda que não pareça lógico à primeira vista, geralmente o processo de coleta de dados inicia-se com os dados secundários, os quais são tão importantes para o sucesso da pesquisa quanto os dados primários. O motivo principal da utilização de dados secundários antes dos primários é de caráter bastante prático: organizar uma pesquisa de mercado para obtenção de dados primários é custoso, requerendo a participação de profissionais especialistas e demandando um certo tempo para ser realizada. Dados secundários, em geral, são facilmente recuperados de arquivos internos ou pesquisas via internet.

No Quadro 3.1, as publicações setoriais, os bancos de dados de jornais e revistas e os relatórios do governo representam fontes de dados secundários. Já as pesquisas com clientes são exemplos de dados primários, pois é feita uma coleta específica com quem participa da ação.

Geralmente, a pesquisa de dados primários tem início após o pesquisador ter esgotado todas as fontes de dados secundários.

A seguir, serão apresentados os conceitos relacionados à pesquisa de marketing.

Estudando um caso

Pesquisa de marketing: despesa ou investimento?

Essa questão é, às vezes, avaliada de maneira equivocada por parte das empresas, o que revela carência de informações sobre pesquisa para que se possa mensurar melhor seu custo-benefício. São comuns, por exemplo, referências aos "gastos" representados pela pesquisa, em especial nos momentos em que há retração das vendas da empresa, justamente quando a necessidade de pesquisa sobre o mercado é ainda mais premente. "Como podemos 'gastar' em pesquisa, logo agora que as vendas caíram?" Na verdade, pesquisa é sempre um investimento, mesmo que seu retorno, conforme a situação, possa não ser visível ou mensurável de imediato. Outro fato bastante comum é a decisão de realizar-se internamente a pesquisa, usando profissionais de vendas,

continua

continuação

de telemarketing ou de quaisquer outras áreas da empresa. Essa decisão pressupõe que a atividade de pesquisa consista apenas na elaboração de um questionário, sua aplicação e posterior análise. No entanto, o trabalho de pesquisa implica uma série de procedimentos técnicos, que vão do planejamento até a elaboração do instrumento, o tratamento dos dados, a análise e a interpretação. Só assim o resultado consistirá em informações realmente confiáveis para a tomada de decisão. O próprio questionário — instrumento para a coleta dos dados — é um bom exemplo desses procedimentos técnicos: sua elaboração deve seguir um conjunto de regras que envolvem, no mínimo, a sequência e a formulação mais adequadas de questões, até sua própria extensão.

Questionários mal formulados estimulam respostas de igual qualidade

Entre as informações obtidas por meio de uma pesquisa elaborada sem tais procedimentos e a ausência total das informações, é mais sensato para a empresa, na maioria das vezes, ficar com a última opção. Isso porque resultados sem confiabilidade têm grande potencial de causar confusão, enquanto a falta de informação pode gerar maior cautela na atuação da empresa.

A participação do solicitante da pesquisa na formulação de um projeto, assim como no entendimento dos resultados obtidos, é muito importante. Afinal, é ele quem mais conhece o produto, serviço ou instituição, podendo oferecer subsídios essenciais para o planejamento de uma pesquisa que efetivamente atenda a seus objetivos.

O ideal, portanto, é a soma de esforços, envolvendo profissionais dos dois lados, empresas solicitantes e fornecedores de pesquisa

Fonte: POLETTO, Regina; POLETTO, Adalberto. *Guia de referência CPPM de pesquisa de marketing.* São Paulo: Companhia Paulista de Pesquisa de Mercado, 1998. p. 4. Disponível em: <http://www.cppm.com>.

Explore mais em:
<http://www.cppm.com>

3.2 a pesquisa como instrumento de marketing

A definição do que seja pesquisa de marketing varia conforme o autor. David Aaker[4] define pesquisa de marketing como a coleta de informações primárias, usualmente provenientes de fontes externas, para resolver um problema específico.

Para Philip Kotler,[5] pesquisa de marketing corresponde à elaboração, à coleta, à análise e à edição de relatórios sistemáticos de dados e descobertas relevantes sobre uma situação específica de marketing enfrentada pela empresa.

4 AAKER, David. *Pesquisa de marketing.* São Paulo: Atlas, 2001.

5 KOTLER, Philip. *Administração de marketing*: a edição do novo milênio. São Paulo: Prentice Hall, 2000.

Para a Associação Americana de Marketing (AMA, na sigla em inglês), pesquisa de marketing é a coleta sistemática, armazenamento e análise de dados relativos ao marketing de produtos.

A diferença entre as opiniões dos autores está na restrição da pesquisa de marketing à coleta de dados primários, feita por Aaker, mas não endossada por Kotler. Na prática, a maioria das pesquisas de marketing envolve a coleta de dados primários, mas também pode incluir dados secundários.

Nesse sentido, a Abep define:

> É a coleta, registro e análise de dados nas áreas de mercadologia, mídia, propaganda e opinião pública, mediante o emprego de métodos científicos junto a consumidores, à população, a revendedores, a fabricantes, a instituições ou a quaisquer subgrupos desses conjuntos de entidades ou pessoas.[6]

Quadro 3.2 Estudos mais comuns na área de pesquisa de marketing

- Avaliação de **propaganda** — pré-testes de campanhas, mensuração da performance da mídia, teste de memorização de campanhas, *recall*, pós-testes de campanhas.
- Avaliação de **negócios** — previsões, tendências de consumo, novas oportunidades.
- Análise de **produtos** — testes de conceito, embalagens, hábitos e atitudes do consumidor, níveis de conhecimento e uso do produto.
- Avaliação de **mercados** — oportunidades de mercado, dimensionamento e potencial de mercado, identificação de nichos, identificação de segmentos, imagem e estrutura da concorrência.
- Avaliação dos **clientes** e **funcionários** — pesquisas para mensurar a satisfação dos clientes internos e externos. Avaliação do atendimento a clientes, níveis de satisfação.

Fonte: adaptado de POLETTO; POLETTO, 1998, p. 14.

3.2.1 Tipos de pesquisa: exploratória, descritiva e causal

Todas as pesquisas podem ser classificadas em três categorias gerais: *exploratórias*, *descritivas* e *causais*. No Quadro 3.3, são apresentados os tipos de pesquisa de marketing em função dos seus objetivos, características e métodos.

[6] Código de Ética Abep, disponível em: <http://www.demanda.com.br/sitenovo/pdfs/CODIGO_DE_ETICA_DA_ABEP.pdf>. Acesso em: 16 out. 2012.

Quadro 3.3 Tipos de pesquisa de marketing

	Tipo de pesquisa		
	Exploratória	**Descritiva**	**Causal**
Objetivos da pesquisa	Maior compreensão do problema. Gerar ideias e dados.	Descrever características ou funções do mercado.	Descobrir relações de causa e efeito.
Características	Flexível e versátil. Normalmente é onde o processo se inicia.	Necessita da formulação prévia de hipóteses específicas.	Manipula uma ou mais variáveis independentes. Requer uma concepção planejada e estruturada.
Métodos	Análise de dados secundários. Entrevistas com especialistas. Pesquisa qualitativa.	*Survey.* Painéis. Observação.	Experimentos.

Fonte: adaptado de MALHOTRA, Naresh. *Pesquisa de marketing*: uma orientação aplicada. 3. ed. Porto Alegre: Bookman, 2001. p. 107.

O principal objetivo da **pesquisa exploratória** é prover maior compreensão do problema enfrentado pelo entrevistador. É usada em campos de estudo pouco estabelecidos, nos quais é necessário obter dados adicionais para definir o problema.

> **Pesquisa exploratória:** tipo de pesquisa cujo principal objetivo é prover maior compreensão do problema.

Suas principais aplicações são:

- definir o problema e possíveis hipóteses;
- identificar variáveis que possam influenciar o problema;
- estabelecer prioridades para pesquisas posteriores.

A pesquisa exploratória caracteriza-se pela flexibilidade e versatilidade de métodos. Entre os caminhos que ela pode seguir estão: análise de dados secundários, entrevistas com especialistas e pesquisas qualitativas.[7]

Uma pesquisa exploratória muito utilizada em marketing é a construção de casos baseados em experiências bem-sucedidas das empresas. Normalmente, o método utilizado envolve a análise de dados secundários, seguida de entrevistas em profundidade com os executivos responsáveis.

A **pesquisa descritiva** destina-se a descrever características de determinada situação ou função do mercado. O uso da pesquisa descritiva é comum quando se pretende:

> **Pesquisa descritiva:** tipo de pesquisa que se destina a descrever características de determinada situação ou funções do mercado.

[7] Malhotra define pesquisa qualitativa como uma metodologia de pesquisa não estruturada, exploratória, baseada em pequenas amostras, que proporciona *insights* e compreensão do contexto do problema. (MALHOTRA, Naresh. *Pesquisa de marketing*: uma orientação aplicada. 3. ed. Porto Alegre: Bookman, 2001).

- descrever as características de grupos relevantes, como consumidores, vendedores, fornecedores, ou áreas do mercado;
- determinar as percepções dos consumidores com relação às características dos produtos;
- fazer previsões específicas de consumo.

Um exemplo frequente é o estudo feito para definir o mercado de determinado produto. São coletados dados para descobrir se as pessoas que usam o produto estão em cidades grandes ou pequenas, em qual estado, qual sua renda, qual sua idade, entre outras informações.

É importante tomar cuidado para não coletar dados demais, que, apesar de interessantes, sejam inúteis. Para um estudo descritivo ser valioso, é preciso coletar dados com um objetivo definido e incluir uma interpretação do investigador sobre sua utilidade.

A pesquisa descritiva exige a formulação prévia de hipóteses específicas. Alguns métodos por ela empregados são: *survey,* painéis e dados de observação.

O método de ***survey*** para a obtenção de informações se baseia no interrogatório dos participantes, aos quais se fazem várias perguntas. Geralmente, utiliza-se um questionário estruturado com todas as perguntas que se pretende ver respondidas. Já os **painéis**, na pesquisa descritiva, são formados por uma amostra de entrevistados que concordam em fornecer informações específicas ao longo de um período extenso.

O **método de observação**, por sua vez, envolve o registro, de forma sistemática, dos padrões de comportamento das pessoas, objetos e eventos para obter informações sobre o fenômeno de interesse. O observador não interroga as pessoas que estão sendo observadas nem se comunica com elas. As informações podem ser registradas à medida que os eventos ocorrem. Um exemplo é a compra de produtos no supermercado: o observador anota como foi o comportamento do cliente diante da gôndola.

Pesquisa causal: tipo de pesquisa utilizada para se obter relações de causa e efeito.

A **pesquisa causal** é um tipo de pesquisa utilizada para descobrir relações de causa e efeito. Os gestores frequentemente tomam decisões com base em relações causais presumidas, como acreditar que uma redução de preços resultará em aumento de vendas e ganho de participação de mercado, o que nem sempre acontece. Relações de causa e efeito são difíceis de demonstrar, exigindo uma pesquisa com muito planejamento e estruturação.

O uso da pesquisa causal é comum quando se pretende:

- verificar quais variáveis são a causa (variáveis independentes) e quais são o efeito (variáveis dependentes) de um fenômeno;
- descobrir a natureza da relação entre as variáveis causais e o efeito previsto.

O principal método de pesquisa causal é a experimentação.

3.2.2 Metodologias de pesquisa: qualitativa e quantitativa

A classificação dos dados influencia diretamente a metodologia utilizada para sua obtenção. Os dados *secundários*, por já estarem disponíveis, podem ser consultados em sistemas de informações da própria empresa, banco de dados de outras organizações ou agências de dados, conforme vimos no Quadro 3.1.

Quanto à sua natureza, os dados *primários* podem ser qualitativos ou quantitativos. A metodologia utilizada para obtenção de dados primários qualitativos costuma ser a pesquisa qualitativa, do tipo exploratório. Já os dados primários quantitativos costumam ser obtidos por meio de pesquisas quantitativas, do tipo descritivo ou causal.

A **pesquisa qualitativa**, como mostra o Quadro 3.4, é uma metodologia de pesquisa não estruturada, exploratória, baseada em pequenas amostras, que proporciona *insights* e compreensão do contexto do problema.

Pesquisa qualitativa: metodologia de pesquisa não estruturada, exploratória, baseada em pequenas amostras, que proporciona insights e compreensão do contexto do problema.

Quadro 3.4 Metodologias de pesquisa: qualitativa *versus* quantitativa

	Metodologia	
	Qualitativa	**Quantitativa**
Objetivo	Obter uma compreensão qualitativa das razões e motivações envolvidas.	Quantificar os dados e generalizar os resultados da amostra para a população-alvo.
Amostra	Casos em pequeno número e não representativos.	Casos em grande número e representativos.
Coleta de dados	Não estruturada.	Estruturada.
Análise de dados	Não estatística.	Estatística.
Resultado	Oferece uma compreensão inicial do problema em questão.	Recomenda um curso final de ação.

Fonte: adaptado de MALHOTRA, 2001, p. 156.

As informações são obtidas com base em uma análise do discurso do entrevistado, bem como de sua postura global diante das questões que lhe são apresentadas. Sem preocupação estatística, esse método se aplica a casos em que se quer apenas explorar o problema. Os dados por ele fornecidos não podem ser considerados conclusivos, tampouco utilizados para fazer generalizações a respeito da população-alvo. Uma forma de obter dados qualitativos é por meio dos chamados *focus groups*, ou pesquisas em grupos de focos, como será visto no próximo item.

> **Pesquisa quantitativa:** metodologia que tem por objetivo quantificar os dados e generalizar os resultados da amostra para a população-alvo, com base em um grande número de casos; além disso, lança mão de amostras representativas, coleta de dados estruturada e análise estatística dos dados.

De seu lado, a **pesquisa quantitativa** tem por objetivo quantificar os dados e generalizar os resultados da amostra para a população-alvo, com base em um grande número de casos; além disso, emprega amostras representativas, coleta de dados estruturada e análise estatística dos dados. Esse tipo de pesquisa carateriza-se por quantificar e obter indicadores estatísticos, tais como média, mediana, desvio-padrão, distribuição de probabilidades e intervalos de confiança, entre outros. Em geral, utilizam-se amostras grandes, projetáveis para toda a população-alvo.

3.2.3 Métodos de coleta dos dados

Nas pesquisas do tipo exploratório, com metodologias qualitativas, os dois métodos de coletas de dados mais usados são as discussões em grupo e a entrevista em profundidade.

Nas **discussões em grupo** ou ***focus group*** são formados grupos de oito a dez pessoas, com características semelhantes preestabelecidas, para trocarem ideias e emitirem opiniões sobre o tema objeto da pesquisa. O profissional que conduz as discussões ocupa a função de "moderador". O pesquisador deve evitar a tentação de quantificar as opiniões, ou de generalizar as opiniões expressas, devendo, sim, buscar detectar tendências e aspectos anteriormente não previstos ou estudados. Já nas **entrevistas em profundidade**, o entrevistado se manifesta individualmente sobre o objeto pesquisado.

Em ambos os casos, a entrevista é conduzida por meio de um roteiro. Os registros são gravados (em áudio ou em videotexto). Essas modalidades exigem um profissional com capacidade técnica e habilidade comprovada, para explorar de maneira eficiente e eficaz todos os conteúdos expressados pelos participantes desse tipo de pesquisa.

Nas pesquisas do tipo causal, o método de coleta mais comum são os experimentos, como já vimos. Um **experimento** é um projeto de pesquisa que envolve a manipulação de uma ou mais variáveis, enquanto outras são mantidas constantes, e, posteriormente, faz-se a medição dos resultados.

Em muitos experimentos de marketing, testam-se as reações dos consumidores quando é desenvolvido um novo conteúdo de uma propaganda. Um exemplo é a condução de teste de mercado, no qual um produto é oferecido em áreas geográficas limitadas, conhecidas como mercados-teste. No Brasil, dois mercados-teste muito utilizados são Campinas e Curitiba. Antes de usar um mercado-teste, é necessário verificar se ele é representativo da população-alvo à qual o produto será oferecido.

Em muitos projetos, é comum usar mais de um tipo de pesquisa, geralmente começando com a exploratória, seguida de uma abordagem descritiva ou causal, conforme o problema.

Para pesquisas descritivas, os métodos de coleta de dados mais comuns são levantamentos por meio de questionários. Um levantamento de dados primários pode ser conduzido pelo correio, por telefone, pessoalmente ou pela internet.

- *Levantamentos pelo correio* são feitos para atingir um grande número de pessoas em uma área ampla. É um método útil quando há a possibilidade de que essas pessoas se sintam pouco à vontade discutindo com os entrevistadores. O lado negativo é que se trata de um processo demorado e, muitas vezes, de baixo retorno.
- *Levantamentos pelo telefone* são feitos para obter respostas imediatas, sendo possível também contatar um grande número de pessoas, ainda que a um custo maior. Uma desvantagem desse método é que, no Brasil, os cadastros de telefone se desatualizam rapidamente.
- *Levantamentos pessoais* são abordagens diretas aos consumidores ou envolvidos para obter informações. Embora permitam avaliar questões complexas e emocionais, suas grandes desvantagens são o alto custo e a possibilidade de a percepção do entrevistador influenciar as respostas. Formas populares de levantamentos pessoais são abordagens no varejo, como em lojas ou shopping centers, além de levantamentos domiciliares.
- *Levantamentos pela internet* são a mais nova, e cada vez mais comum, forma de pesquisar, a qual tem crescido muito nos últimos anos. As empresas de pesquisa oferecem uma ampla gama de pesquisas qualitativas e quantitativas sob medida para os mercados de consumo, empresas e profissionais. Utilizando grandes bancos de dados protegidos, essas empresas realizam estudos por e-mail ou nos próprios sites.

A seguir, são apresentados alguns cuidados na elaboração de questionários. Um **questionário** consiste em um conjunto de perguntas que serão feitas aos entrevistados. Sua preparação exige cuidados com as perguntas, o formato, a linguagem e a sequência. Além disso, todo questionário deve ser pré-testado. Em um pré-teste, os pesquisadores pedem para que algumas pessoas respondam às perguntas e verifiquem se há algo que possa provocar confusão.

Existem dois tipos de perguntas: abertas e fechadas. Nas **perguntas abertas**, o entrevistado pode responder com suas próprias palavras, o que as torna mais reveladoras, ideais para estudos exploratórios. Já nas **perguntas fechadas**, o entrevistado deve optar por uma das alternativas de resposta propostas, o que facilita a tabulação, mas restringe a opinião do pesquisado. No Quadro 3.5, são apresentados exemplos de ambos os tipos de perguntas.

Questionário: conjunto de perguntas que serão feitas aos entrevistados.

Perguntas abertas: perguntas que o entrevistado pode responder com suas próprias palavras, o que as torna mais reveladoras, ideais para estudos exploratórios.

Perguntas fechadas: perguntas nas quais o entrevistado deve optar por uma das alternativas de respostas propostas, o que facilita a tabulação, mas restringe a opinião do pesquisado.

Quadro 3.5 Perguntas abertas e perguntas fechadas

Perguntas abertas		
Denominação	**Descrição**	**Exemplo**
Não estruturada	Pode ser respondida de diversas maneiras.	Qual sua opinião sobre a TAM?
Associação de palavras	São apresentados vários tópicos e os entrevistados mencionam a primeira palavra que lhes vier à mente.	Qual é a primeira palavra que lhe vem à mente quando ouve: Sabão em pó ___________? Palha de aço ___________? Lâmina de barbear ___________?
Complemento de frase ou de história	É apresentada uma frase ou história incompleta e o entrevistado tem de completá-la.	Quando escolho um filme para ver no cinema, o fator que mais pesa na minha decisão é ______________.
Perguntas fechadas		
Denominação	**Descrição**	**Exemplo**
Dicotômica	Uma pergunta com duas respostas possíveis.	Você foi ao cinema na semana passada? ___ Sim ___ Não
Múltipla escolha	Uma pergunta com três ou mais respostas.	Com quem você saiu ontem? ___ Ninguém ___ Cônjuge ___ Filhos ___ Amigos ___ Parentes
Escala Likert	Uma afirmação sobre a qual o entrevistado indica seu grau de concordância ou discordância.	A empresa oferece melhores serviços que os concorrentes. ___ 1 Discordo totalmente ___ 2 Discordo ___ 3 Não concordo nem discordo ___ 4 Concordo ___ 5 Concordo totalmente
Escala de importância	Uma escala que mede a importância dada a um atributo qualquer.	Para mim, o café da manhã de um hotel é: ___ Extremamente importante ___ Muito importante ___ De alguma importância ___ Pouco importante ___ Totalmente sem importância
Escala de classificação	Uma escala que classifica algum atributo de "excelente" a "ruim".	A refeição daquele restaurante é: ___ 1 Excelente ___ 2 Muito boa ___ 3 Boa ___ 4 Razoável ___ 5 Ruim
Escala de intenção de compra	Uma escala que descreve a intenção de compra do entrevistado.	Se um notebook estivesse disponível no voo, eu: ___ 1 Certamente usaria ___ 2 Provavelmente usaria ___ 3 Não tenho certeza ___ 4 Provavelmente não usaria ___ 5 Certamente não usaria

Fonte: adaptado de KOTLER, Philip. *Administração de marketing*: a edição do milênio. São Paulo: Prentice-Hall, 2000. p. 132-133.

3.3 O processo de pesquisa de marketing

O processo de pesquisa de marketing percorre cinco etapas, como mostra a Figura 3.1.

Figura 3.1 O processo de pesquisa de marketing

Etapa 1: Definição do problema

↓

Etapa 2: Estruturação do projeto de pesquisa

Escolha do tipo de pesquisa
Escolha dos métodos de coleta de dados
Escolha da natureza do questionário (tipo de pergunta, tempo de entrevista)
Plano de amostragem e tamanho da amostra

↓

Etapa 3: Trabalho de campo ou coleta das informações

Coleta das informações
Codificação
Tabulação

↓

Etapa 4: Análise e interpretação dos dados

↓

Etapa 5: Apresentação dos resultados e sugestão de ações

Fonte: adaptado de AAKER, David. *Pesquisa de marketing*. São Paulo: Atlas, 2001. p. 93.

3.3.1 Etapa 1: definição do problema

A primeira etapa do processo de pesquisa de marketing é a definição do problema. Um **problema** é uma situação que requer algum tipo de ação. Quando os gestores precisam de informações, geralmente descrevem o problema e os tipos de informações necessárias para a tomada de decisão. Essas informações são passadas em formato de *briefing* para um instituto de pesquisa ou um departamento interno responsável pelas pesquisas de marketing. No Quadro 3.6, são listados os principais itens de um bom *briefing*.

Quadro 3.6 Itens que compõem um bom *briefing*

Definição do problema de marketing

- Definir o cenário de marketing e o alcance do problema, indicando quais serão as decisões tomadas com base na pesquisa e como se espera utilizar a informação.

Objetivos da pesquisa

- Definir de forma objetiva e clara qual a principal meta da pesquisa, ou seja, o que se pretende descobrir. Incluir neste item o uso que se pretende dar às informações coletadas.

Questões específicas

- Listar as principais questões que podem auxiliar no entendimento do objetivo principal da pesquisa.

Público-alvo

- Definir o grupo ou segmento de mercado que deverá ser usado como referência para a tomada de decisão.
- Identificar as características conhecidas dos usuários da categoria de produto, bem como dos usuários específicos da marca.

Análises solicitadas

- Definir segmentos de análise para orientar a tabulação dos resultados.
- Definir as análises estatísticas requeridas.
- Especificar níveis de significância estatística, considerando-se os objetivos da pesquisa.

Definição de prazo

- Estabelecer o prazo no qual a pesquisa deverá estar disponível, sempre lembrando que redução de prazos pode significar aumento de custos.

Recursos

- Existe um orçamento definido para a pesquisa?
- A empresa vai dispor de alguém para acompanhar a execução da pesquisa?

Fonte: adaptado do *briefing* sugerido pela empresa GFK Indicator, não disponível para consulta.

Após receber essas informações, os pesquisadores fazem o levantamento de dados secundários e montam uma proposta de pesquisa, com uma sugestão de metodologia, indicando o melhor caminho para a solução do problema apresentado. É comum que as empresas passem o *briefing* a três institutos de pesquisa e comparem suas propostas em função da metodologia e dos custos envolvidos.

No Brasil, a Associação Brasileira das Empresas de Pesquisa (Abep) disponibiliza em seu site um manual de referência chamado *Normas e padrões de qualidade Abep*, com todos os itens que precisam constar em uma proposta de pesquisa de marketing.

Explore mais em:
<http://www.abep.org> e <http://www.indicatorgfk.com/>

3.3.2 Etapa 2: estruturação do projeto de pesquisa

No momento em que os institutos de pesquisa montam suas propostas, já estão iniciando a Etapa 2, que consiste na estruturação de um projeto de pesquisa.

Um **projeto de pesquisa** é definido como um mapa detalhado usado para guiar uma pesquisa até seus objetivos. Sua estruturação envolve muitas decisões inter-relacionadas. A mais importante é a escolha do tipo de pesquisa a ser utilizado, conforme a natureza do problema. Em seguida, vem a definição do método de coleta de dados, a construção dos roteiros ou questionários e, por fim, a fixação do plano de amostragem.

3.3.3 Etapa 3: trabalho de campo ou coleta das informações

O **trabalho de campo** é a aplicação do questionário ou roteiro, já aprimorado após o pré-teste, para toda a amostra. Envolve do planejamento da coleta dos dados, isto é, a distribuição física e lógica da equipe de entrevistadores e supervisores, passando pela montagem dos controles de campo e pela coleta dos dados propriamente dita, até a crítica e a verificação dos questionários aplicados.

Trabalho de campo: aplicação do questionário ou roteiro, já aprimorado após o pré-teste, para toda a amostra.

Em pesquisas descritivas, a verificação compreende a checagem de um percentual dos questionários: os supervisores de campo e seus auxiliares contatam novamente os entrevistados, aferindo o trabalho dos entrevistadores. Nessa checagem, os próprios formulários também são examinados, para assegurar que eles tenham sido preenchidos completa e adequadamente.

Após os questionários serem coletados, é feita a codificação das respostas. **Codificação** em pesquisa consiste na leitura dos questionários e atribuição de códigos às respostas.

Codificação: leitura dos questionários e atribuição de códigos às respostas.

Em seguida, os dados são tabulados. A **tabulação** é o processo de contagem dos resultados das questões, podendo ser chamada também de *processamento dos dados obtidos*. Muitas vezes, esse processamento é realizado tanto em microcomputadores quanto em computadores de grande porte. O mercado de informática dispõe de inúmeros *softwares* altamente sofisticados que, além do processamento em si, permitem também a modelagem dos dados e a emissão de gráficos variados.

3.3.4 Etapa 4: análise e interpretação dos dados

Para transformar os dados coletados em informações, os pesquisadores precisam analisá-los e interpretá-los. É muito comum o uso de análises estatísticas para a tabulação de pesquisas quantitativas. A análise estatística pode ser básica, como o cálculo da média ou desvio-padrão, ou pode incluir técnicas mais sofisticadas, como regressões múltiplas e análise multivariada. Os tipos de análise de dados devem ser escolhidos conforme o resultado desejado e, em todos os casos, costumam envolver o uso de *softwares* estatísticos para facilitar o processamento e a análise.

O domínio de ferramentas estatísticas e a capacidade de análise costumam ser fatores determinantes no momento da escolha de um instituto para realizar pesquisas quantitativas. Tais ferramentas, além de possibilitarem análises sofisticadas, facilitam muito o trabalho de tabulação, ou seja, a classificação e totalização dos resultados da pesquisa, que, de outra forma, necessitaria ser feito de modo precário, por meio de planilhas eletrônicas, por exemplo. Outro diferencial importante é a capacidade de interpretar os dados e verificar se fazem sentido com relação ao problema investigado. Os dados obtidos precisam ser lógicos e razoáveis; caso contrário, toda a investigação perde sua validade.

Profissionais mais experientes na área de pesquisa de marketing possuem essa habilidade de interpretação.

3.3.5 Etapa 5: apresentação dos resultados e sugestão de ações

A apresentação dos resultados de pesquisa costuma ser feita de duas formas: por meio de um relatório completo e de uma apresentação para os gestores.

No relatório de pesquisa, são incluídas informações que vão da definição do problema, metodologia utilizada, amostragem, trabalho de campo e os dados obtidos até a análise de tais dados. Geralmente, o relatório começa com um resumo de todo o trabalho, seus objetivos, metodologia, principais resultados e limitações. As tabelas e os cruzamentos costumam entrar como anexos ou ficam na empresa de pesquisa para serem consultados em caso de dúvidas.

É fundamental que a linguagem do relatório seja facilmente compreendida pelos tomadores de decisão, mesmo as análises estatísticas mais complexas precisam ser bem explicadas, para evitar erros de interpretação dos dados.

Além do relatório, normalmente são feitas apresentações orais dos objetivos, metodologia e principais resultados. Por fim, algumas empresas pedem para que o instituto de pesquisa sugira soluções para o problema apresentado.

Uma boa pesquisa de marketing é criativa, utiliza métodos múltiplos, conjuga a interdependência dos modelos com os dados, conhece o custo e o valor da informação e segue uma conduta ética.

3.4 fundamentos de amostragem

Uma das principais causas de erro nos processos de pesquisa de marketing é a definição incorreta da amostra. Para evitar tais problemas, neste item serão apresentadas as diferenças entre censo e amostra, o processo de amostragem, as diferenças entre amostras probabilísticas e não probabilísticas e as diversas sistemáticas de extração de uma amostra.

3.4.1 A diferença entre amostra e censo

Um pesquisador está sempre interessado nas características de uma população. Por **população** pode-se entender "um conjunto de sujeitos que possuem algumas características comuns em relação ao problema de pesquisa de marketing".[8]

> **População:** conjunto de sujeitos que possuem algumas características comuns em relação ao problema de pesquisa de marketing.

> **Censo:** forma de pesquisar em que se entrevistam todos os sujeitos da população.

Existem duas formas de pesquisar uma população: ou se entrevistam todos os seus sujeitos, o chamado **censo** da população; ou se escolhe um subconjunto dessa população, denominado amostra.

Assim, se todos os respondentes em uma população forem contatados para fornecer a informação, a pesquisa será chamada de censo. O censo é mais utilizado em amostras pequenas ou quando são necessárias informações sobre todos os sujeitos da população. Um exemplo brasileiro é o censo realizado pelo governo para verificar mudanças, crescimento e padrões de toda a população.

É possível encontrar informações sobre o censo brasileiro no site do IBGE.

> Explore mais em:
> <http://www.ibge.gov.br>

A **amostra**, por sua vez, é obtida com base em um subconjunto da população. A principal característica de uma boa amostra é sua representatividade, ou seja, as características da amostra devem ser semelhantes às características da população que ela representa. Baseados nos dados obtidos da amostra, os pesquisadores fazem inferências ou extrapolações sobre o parâmetro da população. No processo de inferência, se a amostra for representativa, garante-se que os dados obtidos com base nela possam ser utilizados como informações da população.

> **Amostra:** subconjunto da população. A principal característica de uma boa amostra é sua representatividade, ou seja, as características da amostra devem ser semelhantes às características da população que ela representa.

[8] AAKER, 2001, p. 377.

As amostras são utilizadas quando o tamanho da população é muito grande, e o custo e o tempo necessários para a obtenção dos dados com toda a população inviabilizariam a pesquisa. Por exemplo, se fosse planejada uma pesquisa para avaliar a opinião dos consumidores da Nike sobre uma nova campanha, os custos e os prazos necessários para entrevistar toda a população inviabilizariam o projeto.

Outra consideração que deve ser feita é quanto ao tamanho da amostra. Quanto mais heterogênea uma população, mais cuidadoso deve ser o processo de amostragem e, possivelmente, maior o tamanho da amostra. Quanto menos heterogênea uma população, menor o tamanho mínimo da amostra necessário para se obter dados confiáveis. A heterogeneidade de uma população é traduzida estatisticamente pelo desvio-padrão da variável que está sendo pesquisada. Tal assunto escapa ao âmbito deste livro e não será tratado em profundidade estatística.

3.4.2 Erros amostrais e não amostrais

O uso de amostras requer alguns cuidados, a fim de evitar erros ou vieses de amostra. Em toda pesquisa de marketing podem ocorrer erros amostrais e não amostrais.

Erros amostrais: erros que ocorrem quando existe uma diferença entre o valor obtido na amostra e o parâmetro da população.

Erros não amostrais: todos os demais erros, desde que não relacionados ao processo de escolha da amostra.

Erros amostrais ocorrem quando existe uma diferença entre o valor obtido na amostra e o parâmetro da população. **Erros não amostrais** são todos os demais erros, desde que não relacionados ao processo de escolha da amostra.

Entre os erros não amostrais mais comuns estão erros de mensuração na aplicação dos questionários, na tabulação e na análise de dados. Por surgirem de diversas fontes, os erros não amostrais são mais difíceis de identificar e controlar, devendo-se estar atento para evitar sua ocorrência.

3.4.3 O processo de amostragem

Os principais passos percorridos no processo de amostragem até a coleta dos dados, conforme a Figura 3.2, são:

- determinação da população-alvo;
- definição da estrutura da amostra;
- reconciliação da população com a estrutura da amostra;
- seleção de um tipo de amostragem;
- determinação do tamanho relevante da amostra;
- execução da amostragem.

Figura 3.2 O processo de amostragem

1) Identificação da população-alvo

↓

2) Definição da estrutura da amostra

↓

3) Reconciliação da população com a estrutura da amostra

↓

4) Seleção de um tipo de amostragem

Probabilística	*Não Probabilística*
Aleatória simples	Intencional
Estratificada	Por conveniência
Por conglomerado	Por quota
Sistemática	Bola de neve
Múltiplos estágios	

↓

5) Determinação do tamanho da amostra

↓

6) Execução da amostragem

Fonte: adaptado de AAKER, David. *Pesquisa de marketing*. São Paulo: Atlas, 2001. p. 379.

O processo de amostragem tem início, portanto, com uma boa identificação da população-alvo. Essa identificação deve conter informações sobre os elementos da amostragem, unidades de amostra e área de cobertura. Veja um exemplo. Caso se estabelecessem como população "todos os domicílios com crianças em Salvador", poderiam surgir dúvidas como: qual a idade das crianças? Qual região de Salvador? Quem passará as informações? Para evitar essas dúvidas, a população-alvo deve ser descrita de forma detalhada. No caso, poderia ser definida assim: "Todos os domicílios no centro de Salvador, com crianças de 7 a 14 anos, sendo sujeito da pesquisa a própria criança que será entrevistada".

Em seguida, deve-se definir qual será a estrutura da amostra, ou seja, especificar o procedimento pelo qual cada unidade da amostra será localizada. Essa estrutura deve ser reproduzível para que a empresa possa fazer uma nova pesquisa e comparar os resultados.

Por exemplo, em uma pesquisa com estudantes de determinada faculdade, definir a estrutura da amostra significaria estabelecer o procedimento para extrair os estudantes da listagem de todos os alunos da faculdade. No caso de uma pesquisa no bairro de Moema, em São Paulo, a estrutura da amostra poderia ser a definição de como as ruas seriam sorteadas no mapa entre todas as do bairro.

Após a definição da estrutura da amostra, é importante fazer uma reconciliação dessa estrutura com a população-alvo, para verificar se a amostra é representativa.

A etapa seguinte é a mais importante: a seleção de um tipo de amostragem. Basicamente, pode-se trabalhar com amostras probabilísticas e não probabilísticas. Nas amostras probabilísticas, todas as unidades têm chance de participar. Por exemplo, se a amostra for "os alunos da faculdade que estão matriculados", todos que constam na lista de matriculados poderão ser sorteados. Já nas amostras não probabilísticas, não se consegue calcular a probabilidade de uma unidade participar.

Só depois de definir o tipo de amostragem é que se estabelece o tamanho da amostra. Esse número varia em função do tamanho da população-alvo, da verba da pesquisa e do erro permitido nos resultados finais.

Em pesquisas quantitativas, o erro normalmente aceitável nos resultados não passa de 5%. Já em pesquisas qualitativas, não existe esse tipo de preocupação, mas os resultados não podem ser repassados para toda a população; são obtidos apenas indícios que depois deverão ser confirmados.

A execução da amostragem consiste na seleção dos sujeitos que serão abordados. No caso de sorteio com base em uma listagem, é nessa etapa que se extraem da população-alvo os sujeitos a serem entrevistados.

No próximo item serão detalhados os dois tipos de amostragem, seus usos e restrições.

3.4.4 Tipos de amostras: probabilísticas e não probabilísticas

Amostra probabilística: tipo de amostra em que todos os membros da população têm uma chance conhecida de serem selecionados.

Amostra não probabilística: tipo de amostra em que não é definida a chance de cada membro da população de ser selecionado.

As amostras podem ser probabilísticas ou não probabilísticas. Nas **amostras probabilísticas**, todos os membros da população têm uma chance conhecida de serem selecionados para a amostra. Na **amostra não probabilística**, essa chance não é definida.

Na maioria dos procedimentos de amostragem probabilística, é necessário ter acesso a informações prévias, como listagem de todos os sujeitos que constituem a amostra, das ruas que compõem o bairro a ser pesquisado etc. Tais listagens são constituídas, por exemplo, de listas telefônicas ou de endereços. Com base nessas listas, podem-se extrair elementos da amostra por sorteio, garantindo que esta seja genuinamente "randômica" ou probabilística. As amostras probabilísticas possuem maior credibilidade entre os estatísticos, pois permitem uma identificação mais clara de possíveis tendências. No caso de amostras não probabilísticas, os resultados não podem ser generalizados a toda a população, do ponto de vista estatístico. No entanto, muitos pesquisadores experientes, com base em pesquisas solidamente fundamentadas, são capazes de extrair informações valiosas de pesquisas não probabilísticas.

As amostras probabilísticas podem ser classificadas em: aleatórias simples, estratificadas, por conglomerado, sistemáticas ou de múltiplos estágios.

- **Amostra probabilística aleatória simples** — todos os membros da população possuem chances iguais de serem selecionados. Por exemplo, em um baralho com 52 cartas, cada uma delas possui a mesma probabilidade — no caso, 1/52 — de ser retirada.
- **Amostra probabilística estratificada** — divide-se a amostra probabilística simples em estratos ou camadas, por exemplo, divisão de uma população por faixa etária, dos quais serão extraídos elementos para compor a amostra. Tal procedimento é necessário no caso de cada estrato, ou faixa da população, ser significativamente diferente do outro. No caso do baralho, separaríamos as cartas por naipe, por exemplo.
- **Amostra probabilística por conglomerado** (ou ***cluster sampling***) — é obtida ao se dividir a população em grupos (os conglomerados) em vez de estratos. Seleciona-se uma amostra aleatória dos conglomerados e todos os seus membros são entrevistados. É preciso encontrar subgrupos representativos da população total, como um bairro para representar uma cidade. Tal procedimento é justificado em populações mais homogêneas, diminuindo bastante o tamanho da amostra necessária à confiabilidade de uma pesquisa.
- **Amostra probabilística sistemática** — define-se uma regra para extrair o sujeito da listagem da população. Por exemplo, escolhe-se entrevistar os indivíduos da listagem retirando um sujeito de 10 em 10. Nesse caso, seriam entrevistados os sujeitos de números: 1, 11, 21, 31, 41, 51, 61, 71, 81, 91 etc.
- **Amostra probabilística de múltiplos estágios** — utiliza vários métodos em conjunto. Por exemplo: primeiro, são definidos os municípios do estado; em seguida, sorteadas as cidades; depois, uma sistemática de extração das ruas e, dentro da rua, faz-se um sorteio aleatório simples das casas.

As amostras não probabilísticas, apesar de não possuírem validade estatística, são utilizadas em algumas situações, tais como estágios exploratórios das pesquisas, pré-teste de questionários, quando o pesquisador não tem conhecimento de estatística ou quando não há como obter uma listagem de todos os sujeitos da população.

As amostras não probabilísticas podem ser intencionais, por conveniência, por quotas ou do tipo bola de neve.

- **Amostra não probabilística intencional** — é obtida por um perito, que usa seu julgamento para identificar amostras representativas da população-alvo. Por exemplo, no Brasil, os moradores de Curitiba são frequentemente escolhidos como amostra para representar a população quando se pretende testar um novo produto no mercado nacional.
- **Amostra não probabilística por conveniência** — é aquela amostra obtida conforme a conveniência do pesquisador. Por exemplo, se estiver pesquisando supermercados, o entrevistador escolhe por conveniência um perto de sua casa. São consideradas "indefensáveis" do ponto de vista estatístico, sendo usadas apenas quando se precisa de uma leitura rápida sobre um problema, como no pré-teste de questionários.
- **Amostra não probabilística por quotas** — é uma amostra intencional, com a imposição de que deve incluir um número mínimo de indivíduos de cada um dos subgrupos específicos da população. Por exemplo, pode-se definir uma amostra de 1.000 indivíduos de uma cidade, contendo 400 da zona norte, 300 da zona sul, 200 da zona leste e 100 da zona oeste, de maneira proporcional à localização geográfica da população-alvo.
- **Amostra não probabilística bola de neve** — é uma amostra intencional muito indicada para atingir populações pequenas e especializadas. Nesse caso, solicita-se que cada respondente, depois de entrevistado, indique uma ou mais pessoas do ramo. Por exemplo, no caso de entrevistas com mergulhadores de alto-mar, após terminar a entrevista, cada sujeito indica outro, com o mesmo perfil, para ser entrevistado.

3.4.5 Determinação do tamanho da amostra

O tamanho da amostra pode ser determinado por meio de técnicas estatísticas ou alguns métodos *ad hoc* (sob demanda). Estes últimos são usados quando se sabe por experiência qual tamanho de amostra adotar ou quando existem limitações orçamentárias.

Uma regra prática diz que a amostra deve ser grande o suficiente para que, quando dividida em grupos, cada um deles tenha um mínimo de 100 ou mais unidades.[9]

No caso de uma pesquisa para verificar a opinião dos cidadãos em relação aos estacionamentos dos *shopping centers* da cidade, por exemplo, foram definidos três grupos específicos de pessoas: o grupo daqueles que utilizam os *shoppings*

---

[9] AAKER, 2001, p. 407.

com frequência, o grupo dos que os utilizam apenas ocasionalmente e o grupo dos que não os frequentam. Ressalte-se que o tamanho da amostra deveria ser de, pelo menos, 100 indivíduos por grupo. Se os usuários mais frequentes, o primeiro grupo, parecerem aproximar-se de 10% da população, em uma amostragem aleatória simples seria necessário um tamanho de amostra de 1.000 unidades, para gerar um grupo de 100 entrevistados.

3.5 a aplicação de novas tecnologias em pesquisa

Novas tecnologias influenciam diretamente a área de pesquisa de marketing. A agilidade no acesso às informações permite que os profissionais de marketing façam levantamentos de dados secundários na internet antes de contratar um instituto de pesquisa.

Além dos novos *softwares*, que permitem uma grande redução no tempo de tabulação e digitação dos dados, as próprias pesquisas on-line simplificam o processo e permitem que muitas pessoas sejam ouvidas de uma vez.

Algumas empresas utilizam o processo de *scanning* dos dados, ou seja, digitalização de dados por meio de códigos de barras, para coletar informações no ponto de venda sobre o comportamento de compra dos seus clientes. Essas informações ficam armazenadas em bases de dados e são importantes fontes de pesquisa.

Na internet, existem muitas páginas em que um usuário qualquer pode montar sua própria pesquisa e enviar o endereço da página para o e-mail de sua amostra. O único "porém" é que, em geral, são sites em idioma inglês — mais de 90% de todos os sites da internet. No entanto, vale a pena tentar utilizá-los, pois tendem cada vez mais a ser "o" meio mais rápido e barato de se fazer pesquisas.

Explore mais em:
<http://www.surveymonkey.com/>,
<http://www.createsurvey.com/> e <http://www.compressweb.com/>

3.5.1 Fontes de dados na internet

Por meio da internet, milhares de organizações e pessoas disponibilizam dados e informações de forma pública para os gestores e profissionais de marketing. No Quadro 3.8, são indicados alguns sites de busca para levantamentos de dados secundários, bem como de empresas de pesquisa de marketing, além dos sites das associações que regulamentam a pesquisa de marketing no Brasil.

Quadro 3.7 Alguns sites recomendados

- <http://www.ibge.gov.br> — Portal do órgão oficial de pesquisas censitárias e demográficas do Brasil (Instituto Brasileiro de Geografia e Estatística).
- <http://www.google.com> — Página de busca mais popular do mundo. Por meio de sua ferramenta Google Acadêmico, por exemplo, é possível ler trechos de livros.
- <http://www.seade.gov.br> — Site da internet em que estão disponibilizadas pesquisas da Fundação Sistema Estadual de Análise de Dados (Seade) de São Paulo, que coleta e analisa dados demográficos e geográficos do Estado de São Paulo.
- <http://www.ibope.com> — Contém informações interessantes sobre pesquisas políticas e eleitorais, bem como sobre o painel Ibope.
- <http://web.worldbank.org> — Site em inglês, contém estatísticas sobre a evolução do desenvolvimento mundial e indicadores de pobreza de determinados países.
- <http://www.esomar.org> — Site internacional da Esomar, no qual é possível apreciar aspectos e tendências da pesquisa de mercado, novas tecnologias e textos (pagos) sobre aspectos metodológicos e éticos da pesquisa.

Fonte: elaborado pelos autores.

A pesquisa de marketing é um assunto bastante amplo e pode ser explorado com maior profundidade. Neste capítulo, procurou-se apresentar seus fundamentos básicos. O próximo capítulo trata do comportamento do consumidor — área de estudo que utiliza as técnicas e os conceitos da pesquisa de marketing para conhecer os hábitos, comportamentos e perfil do mercado-alvo.

3.6 a ética em pesquisa de marketing

Uma boa pesquisa exige uma conduta ética de todos os envolvidos — não só por parte de quem a executa, mas também por parte de quem a contrata.

A empresa patrocinadora da pesquisa, ou solicitante do estudo, deve manter uma postura ética, com clareza de seus propósitos, para não influenciar os resultados. Por sua vez, os fornecedores, pesquisadores, entrevistadores, digitadores e analistas devem zelar pela qualidade da informação e manter sigilo na execução.

Como já vimos, a Abep disponibiliza em seu site o *Código de Ética ICC/Esomar para pesquisa de mercado e pesquisa social.* Muitas empresas filiadas a essa associação avisam, em suas propostas, que o projeto foi elaborado seguindo os padrões propostos por esse código, o qual também protege os entrevistados ou pesquisados, como mostra o Quadro 3.8.

Quadro 3.8 Ética e direito dos pesquisados

• Direito à privacidade. • Direito à segurança. • Direito de saber os objetivos reais da pesquisa. • Direito de ser informado sobre os resultados da pesquisa. • Direito de escolher a quais perguntas responder.

Fonte: adaptado de *Código de Ética ICC/Esomar para pesquisa de mercado e pesquisa social*. São Paulo: Abep, 2004. Disponível em: <www.abep.org/novo/FileGenerate.ashx?id=23>. Acesso em: 16 out. 2012.

Um dos aspectos básicos da ética em pesquisas de marketing é o fato de ela não se confundir, de forma alguma, com marketing direto. A seguir, no Quadro 3.9, expõe-se um trecho das Diretrizes Esomar, que apresenta quais são as diferenças entre essas duas ferramentas de marketing.

Quadro 3.9 Pesquisa de mercado X marketing direto

Quais as principais diferenças entre pesquisa de mercado e marketing direto?
As principais características da pesquisa de mercado são: 1. Seu principal objetivo é aplicar métodos científicos de pesquisa (usados na utilização de amostragens, coletas de dados, técnicas de análises etc.) na coleta de informações e assim ajudar a descrever e entender os mercados (comerciais ou não), seus planejamentos estratégicos buscando a previsão e o monitoramento das ações baseadas nelas.
2. Na maioria das vezes, isso é alcançado estudando-se amostras relativamente pequenas, e normalmente representativas, das populações relevantes.
3. É primordialmente, mas não exclusivamente, voltada para a análise e descrição de grupos agregados de entrevistados: não relata informações que possam ser ligadas a indivíduos identificáveis.
4. Crucialmente, ela garante a confidencialidade das informações vindas dos respondentes. Estas somente podem ser reveladas com o consentimento de cada entrevistado, e mesmo assim para fins de pesquisa e para organizações envolvidas no projeto.

5. Igualmente importante, a informação coletada durante um projeto de pesquisa de mercado deve ser somente usada para fins de pesquisa — ela nunca deve ser usada para iniciar ou monitorar outros tipos de atividade direcionados aos respondentes. Pesquisa de mercado está, então, essencialmente relacionada a uma via única de comunicação, a que vai do respondente ao cliente por meio do filtro que é o pesquisador. Ela não fornece sob circunstância alguma uma facilidade para qualquer forma de comunicação comercial ou similar na direção oposta, do cliente ao respondente, nem procura influenciar o comportamento e a opinião do entrevistado como um resultado da pesquisa.

Pesquisas de opinião, de acordo com os requisitos do Código Internacional ICC/Esomar, têm características semelhantes àquelas da pesquisa de mercado mesmo que seus objetivos sejam quase sempre diferentes. Ela pode, assim, ser considerada um ramo da pesquisa de mercado no que diz respeito aos requisitos do Código Internacional e dessa diretriz.

As características do marketing direto são muito diferentes — em alguns casos o completo oposto — daquelas da pesquisa de mercado:

1. O objetivo principal do marketing direto é promover atividades **promocionais e de vendas** dirigidas a indivíduos e empresas específicas. Empresas de marketing direto podem também desenvolver um considerável volume de análise de mercado, gerando informações conjuntas e/ou cruzadas de vários tipos, mas esse é normalmente um objetivo secundário e não o objetivo principal da coleta de dados, não afetando as outras características do marketing direto aqui citadas.

2. Ele normalmente envolve a coleta e o uso de dados pessoais de um grande número de pessoas ou de um grupo específico (clientes). A ênfase está **em maximizar o número total do público-alvo coberto** e não na representatividade dos dados finais.

3. Os dados coletados são intencionalmente armazenados e utilizados de uma forma **desagregada e individualmente identificada**, de outra maneira não seriam totalmente aproveitáveis no marketing direto.

4. Já que os dados pessoais coletados estão permanentemente ligados aos indivíduos que forneceram essas informações não pode haver, normalmente, uma **garantia de anonimato**. Em muitos casos os dados pessoais estarão disponíveis para vários usuários (podendo ou não ser da área de pesquisa) que os utilizarão em promoções e vendas diretas.

5. Diferentemente da pesquisa de mercado, o marketing direto é um processo de duas vias em que o indivíduo que originalmente fornece informações pessoais ao entrevistador está, como resultado direto, sujeito às abordagens promocionais ou comerciais baseadas no uso dessas informações. Existe também, é claro, certa quantidade de atividades de marketing direto que não se utilizam de um banco de dados pessoais existente para pré-selecionar clientes em potencial, mas sim, em um *cold calling*. Marketing direto é, portanto, por definição, uma forma de comunicação comercial.

Essa diretriz indica o que os pesquisadores devem fazer para manter as diferenças mencionadas acima. Ela não tem a menor intenção de reduzir a importância do papel do marketing direto nos negócios, governo ou em qualquer outro lugar. Os pesquisadores em sua maioria fazem parte de uma organização que utiliza e, mesmo como um grupo, oferece serviços de marketing direto em outros contextos que não os de pesquisa.

Fonte: Associação Brasileira das Empresas de Pesquisa de Mercado. São Paulo: Abep, 2012. Disponível em: <http://www.abep.org/novo/Content.aspx?ContentID=176>. Acesso em: 16 out. 2012.

Nunca é desnecessário repetir: uma pesquisa de marketing sempre deve ser conduzida de acordo com diretrizes e práticas éticas. Do contrário, os profissionais nela envolvidos não contribuem nem para os consumidores, nem para a consolidação das boas práticas de marketing, nem, no longo prazo, para seus contratantes.

resumo

Este capítulo aborda a pesquisa de marketing, iniciando-se com uma discussão sobre o papel da informação. As empresas não precisam apenas de dados, que são fatos e estatísticas, mas também de informações que os interpretem e organizem. De modo geral, o gestor dispõe de fontes de informações internas, coletadas dentro da organização, e de fontes externas, que se relacionam ao ambiente externo.

Na pesquisa de marketing, há dois tipos de dados disponíveis: primários e secundários. Os dados primários são coletados especialmente para determinada pesquisa, de forma direta com quem participa da ação. Os dados secundários já estão disponíveis, uma vez que foram coletados para algum outro propósito anterior.

Todas as pesquisas podem ser classificadas em três categorias gerais: exploratórias, descritivas e causais. O principal objetivo da pesquisa exploratória é prover maior compreensão do problema. Já a pesquisa descritiva destina-se a descrever características de determinada situação ou função do mercado. A pesquisa causal, por sua vez, é um tipo de pesquisa utilizada para descobrir relações de causa e efeito.

A pesquisa qualitativa é uma metodologia de pesquisa não estruturada, exploratória, baseada em pequenas amostras, que proporciona *insights* e compreensão do contexto do problema. A pesquisa quantitativa procura quantificar os dados e aplica alguma forma de análise estatística. Geralmente, utiliza amostras grandes, projetáveis para toda a população-alvo.

Nas pesquisas do tipo exploratório, com metodologias qualitativas, os dois métodos de coletas de dados mais usados são as discussões em grupo e a entrevista em profundidade. Para pesquisas descritivas, o método de coleta de dados mais comum são os levantamentos por meio de questionários. Para pesquisas do tipo causal, o método de coleta mais comum são os experimentos.

O processo de pesquisa de marketing inclui cinco diferentes etapas: definição do problema; estruturação do projeto de pesquisa; trabalho de campo ou coleta de informações; análise e interpretação dos dados; e, finalmente, apresentação dos resultados e sugestões.

Existem duas formas de pesquisar uma população: ou se entrevistam todos os sujeitos da população, o chamado censo; ou se escolhe um subconjunto dessa população, denominado amostra. Em toda pesquisa de marketing podem ocorrer erros amostrais e não amostrais. Erros amostrais ocorrem quando existe uma diferença entre o valor obtido na amostra e o parâmetro da população. Erros não amostrais são todos os demais erros, desde que não relacionados ao processo de escolha da amostra. Os principais passos percorridos no processo de amostragem até a coleta dos dados são: determinação da população-alvo; definição da estrutura da amostra; reconciliação da população com a estrutura da amostra; seleção de um tipo de amostragem; determinação do tamanho relevante da amostra; e, finalmente, execução da amostragem. As amostras podem ser probabilísticas ou não probabilísticas. Nas amostras probabilísticas, todos os membros da população têm uma chance conhecida de serem selecionados para a amostra. Já nas não probabilísticas, essa chance não é definida. O tamanho da amostra pode ser determinado pela utilização de técnicas estatísticas ou por meio de alguns métodos *ad hoc* (sob demanda).

Novas tecnologias influenciam diretamente a pesquisa de marketing, sendo a internet uma das ferramentas que mais têm trazido impactos a essa área, por disponibilizar inúmeras informações aos gestores e aos profissionais de marketing.

questões para revisão e discussão

1. Qual é o papel da informação no marketing?
2. Defina pesquisa de marketing. Quais são os estudos mais comuns na área de pesquisa de marketing?
3. Quais são algumas queixas frequentes dos profissionais de marketing quanto ao tipo de informação que recebem?

4. Distinga dados de informações, fontes primárias de fontes secundárias e dê exemplos.
5. Relacione os métodos de coleta de dados com os diferentes tipos de pesquisa.
6. Identifique as diferenças entre as metodologias de pesquisa qualitativa e quantitativa. Aponte a aplicação de cada uma delas.
7. Explique como é feito o processo de amostragem.
8. Qual a diferença entre amostras probabilísticas e não probabilísticas? Qual é a mais confiável? Qual é a mais econômica? Em que situação deve ser usada cada uma delas?
9. Formule um questionário para medir a satisfação dos clientes de um restaurante por quilo.
10. Suponha que você foi contratado para realizar uma pesquisa no intuito de avaliar a viabilidade de um novo *resort* que deverá ser instalado na floresta amazônica. Quais etapas percorreria no processo de pesquisa?

referências

AAKER, David. *Pesquisa de marketing.* São Paulo: Atlas, 2001.

BOYD, Harper; WESTFALL, Ralph. *Pesquisa mercadológica.* Rio de Janeiro: Ed. FGV, 1987.

CHURCHILL, Gilbert A.; PETER, J. Paul. *Marketing*: criando valor para o cliente. São Paulo: Saraiva, 2003.

KOTLER, Philip. *Administração de marketing*: a edição do milênio. São Paulo: Prentice Hall, 2000.

MALHOTRA, Naresh. *Pesquisa de marketing*: uma orientação aplicada. 3. ed. Porto Alegre: Bookman, 2001.

POLETTO, Regina; POLETTO, Adalberto. *Guia de referência CPPM de pesquisa de marketing.* São Paulo: Companhia Paulista de Pesquisa de Mercado, 1998. Disponível em: <http://www.cppm.com>.

TOFFLER, Alvin. *A terceira onda.* São Paulo: Record, 1987.

CAPÍTULO 4

Segmentação e posicionamento

Objetivos
do capítulo

O entendimento deste capítulo deve possibilitar ao leitor:

1. descrever as diferentes posturas de marketing com relação à cobertura do mercado;
2. discutir as vantagens e desvantagens da abordagem de marketing de massa em relação à abordagem de marketing de segmentação;
3. apontar os requisitos para um processo de segmentação de mercado eficaz;
4. definir as bases ou variáveis de segmentação mais utilizadas;
5. explicar em que consiste o posicionamento de produtos, marcas e empresas;
6. esboçar e interpretar mapas de posicionamento;
7. relacionar a segmentação de mercado ao subsequente posicionamento.

4.1 o que estudar em segmentação e posicionamento

O Capítulo 2 abordou o tema do comportamento do consumidor, buscando apontar quais os fatores que o influenciam, sejam eles de natureza social, psicológica ou de marketing.

Neste capítulo, será dada continuidade ao assunto, uma vez que o marketing busca não somente adaptar-se ao comportamento esperado do consumidor como também influenciá-lo. Grande parte dessa adaptação e influência depende de dois conceitos básicos de marketing: a segmentação de mercado e o posicionamento de produto.

A Figura 4.1 mostra alguns modelos de um grande produtor automobilístico mundial, o grupo Kia.

Figura 4.1 Modelos de carros da Kia Motors do Brasil

Kia Cadenza **Kia Soul**

Fonte: disponível em: <http://www.icarros.com.br/kia/>. Acesso em: 16 out. 2012.

Trata-se de dois modelos de uma mesma montadora, porém com características bastante diversas. Assim, o Cadenza é um sedã de alto luxo, com diversos itens de conforto e acabamento de alto nível. Já o Soul é um automóvel de design jovial, que alia conforto com economia de combustível e preços mais acessíveis que os do Cadenza.

Qual seria a razão de uma mesma montadora oferecer modelos diferentes? A resposta é simples — cada marca é dirigida a um público-alvo, com diferentes expectativas, níveis de renda e padrões de qualidade. Provavelmente, o Cadenza seja adequado para compradores de alta renda, família constituída e apreciadores de um carro com potência, espaço e conforto. Já o Soul seria mais adequado para jovens, solteiros ou recém-casados, sem filhos — já que o espaço para bagagem é limitado — e um nível médio de renda.

Esse exemplo ilustra um dos conceitos que serão estudados neste capítulo, isto é, a segmentação de mercado. Como será visto, os consumidores de automóveis também podem ser classificados de acordo com segmentos de mercado.

Para descobrir qual o perfil do público-alvo, a empresa precisa do auxílio de pesquisa de mercado. O importante é saber que existe uma parcela do mercado com interesses específicos e diferentes das demais.

Explore mais em:
<http://www.kiamotors.com.br>

Estudando um caso

Segmentação no mercado editorial de revistas no Brasil

O mercado editorial, composto pelos consumidores de livros, revistas e jornais em geral, possui à sua disposição uma imensa variedade de títulos e pontos de venda. Analisemos somente uma parcela desse mercado, a dos consumidores de revistas, e vejamos como está a oferta desse importante produto. Uma primeira observação deve ser feita: o modo de distribuir o produto faz que existam basicamente dois tipos de revistas:

- aquelas vendidas nas milhares de bancas de jornal espalhadas pelo país;
- aquelas que são distribuídas gratuitamente a um grupo específico de consumidores — chamadas edições customizadas.

Vamos verificar o primeiro grupo. Existem revistas direcionadas para: as adolescentes — como *TodaTeen* e *Capricho*; para mulheres que possuem filhos pequenos ou planejam ficar grávidas — *Crescer*; para mulheres que tencionam manter ou conquistar boa forma física — *Boa Forma, Women's Health*; para mulheres interessadas em informação diversificada e independente — *TPM*; para homens interessados em turismo e automóveis em geral — *Quatro Rodas*; para homens interessados em moda e assuntos masculinos em geral — *VIP*, *Playboy*, *Trip*; para pessoas interessadas em política, economia e noticiário geral — *Época, Veja, Exame, Carta Capital*; para o público interessado em decoração e construção — *Casa Cláudia, Casa e Jardim*; para o público interessado em alta moda — *Vogue*; para crianças em geral — *Recreio*; entre tantas outras. Assim, podemos concluir que uma variedade realmente muito grande de segmentos de consumidores está sendo atendida pelo setor editorial no Brasil — basta entrar em uma boa banca de jornal e verificar! Segundo um executivo da indústria, o mercado editorial foi o primeiro a ser racionalmente segmentado no Brasil. As primeiras revistas dirigidas a um público segmentado remontam à década de 1960, com as publicações de fotonovelas, o grande sucesso da época. Apesar dos baixos índices de leitura no país, e também de frequentes situações de crise econômica que abalam a indústria, há títulos, como a revista *Veja*, que estão no mercado há décadas e não mostram sinais de declínio.

O segundo grupo é o das chamadas revistas customizadas, dirigidas a públicos específicos, que não são vendidas em bancas de jornal. Um exemplo é a *Gol Linhas Aéreas Inteligentes*, revista de bordo da companhia aérea de mesmo nome, que aborda temas como turismo, estilo de vida, dicas sobre o que fazer nas cidades de destino das linhas Gol e matérias das revistas *Trip* e *TPM*. Essas revistas são dirigidas a públicos específicos e bem conhecidos das empresas que patrocinam sua

continua

continuação

edição. Dessa forma, mantêm contato e conquistam a simpatia de um segmento responsável por grande parte de seu sucesso. Por serem altamente focalizadas, possuem uma grande atratividade do ponto de vista publicitário — as agências de propaganda podem identificar claramente que tipo de público será atingido por seus anúncios.

Explore mais em:
<http://editoraglobo.globo.com> e <http://noticias.uol.com.br/revistas>

4.2 segmentação do mercado de bens de consumo

A evolução dos mercados, que gera uma contínua diversificação das oportunidades de compra, oferece desafios crescentes às empresas. Como concorrer com tantos competidores no mercado? Ao mesmo tempo, como entender e abordar as extremas diferenças encontradas no Brasil no que tange a poder aquisitivo, hábitos de consumo, costumes etc.? Essas perguntas indicam como pode ser difícil atingir o mercado de uma mesma maneira, com um produto igual para todos. Vejamos a história: muitas grandes empresas, proprietárias de grandes marcas, como Gillette, Coca-Cola, entre outras, iniciaram suas atividades fortemente orientadas para produto ou para vendas. Com a adoção de uma postura organizacional voltada para o mercado, a satisfação de gostos e preferências do consumidor passou a ter caráter central na formulação de suas estratégias. Entretanto, ser uma empresa voltada para o mercado não é suficiente. É necessário entender melhor o mercado e saber como atingi-lo de maneira eficaz. Vale dizer, compreender que os consumidores são diferentes e, portanto, exigem produtos diferentes para atendê-los. Quando o mercado é adequadamente estudado, dentro dele podem ser identificados grupos de consumidores com características afins, tais como idade, sexo, poder de compra. A grupos de consumidores com características semelhantes chamamos **segmento de mercado**. Por exemplo, no mercado de consumidores de automóveis existem diversos segmentos identificáveis, como consumidores de carros "populares", aqueles que buscam carros de luxo, outros que desejam carros esportivos, entre outros. Pela evolução das posturas de marketing das empresas, veremos como foi a evolução desse conceito.

Segmento de mercado: grupo de consumidores com características semelhantes dentro de um mesmo mercado.

4.2.1 Posturas de marketing

Historicamente, o marketing conheceu três grandes e distintas fases:[1]

[1] KOTLER, Philip; ARMSTRONG, Gary. *Princípios de Marketing*. 12. ed. São Paulo: Prentice Hall Brasil, 2007.

- **Marketing de massa** — o exemplo clássico de tal postura é o da Coca-Cola, que produzia somente um tipo de produto — no caso, o refrigerante Coca-Cola, comercializado em garrafas de vidro com seu contorno característico. Supunha-se que ofertar um produto que agradasse aos gostos e às necessidades de um consumidor médio levaria a um grande volume de vendas e a economias de escala, além do fato de que facilitaria a geração e o controle das ações de marketing, pois haveria somente um produto com que se preocupar. Na prática, o que se verificou é que o produto conduzido por um marketing de massa é adequado somente a um dos segmentos do mercado, ainda que geralmente o maior, mas no qual a concorrência também tende a ser muito mais acirrada. Os segmentos menores são mal atendidos, e a primeira empresa que tiver uma abordagem segmentada tende a abocanhá-los e conquistar sua lealdade.
- **Marketing de diversificação de produto** — com a proliferação de marcas e a quantidade crescente de novos produtos sendo despejados no mercado a cada ano, tornou-se necessário às empresas buscar inovações, seja na embalagem, seja na distribuição, seja no nome, com a finalidade de preservar sua fatia de mercado. Surgiram produtos *tamanho família*, detergentes com aromas de *limão* ou de *pinho*, biscoitos e chicletes com novos sabores, entre outros. Por exemplo, o refrigerante Coca-Cola somente foi oferecido com novos tamanhos de embalagem em meados dos anos 1950, praticamente cinco décadas após o lançamento do produto.[2] As inovações no composto de marketing, no entanto, visavam à permanência do produto original no mercado, ou seja, uma maior variedade de produtos postos à disposição dos mesmos compradores. Dessa forma, o foco da inovação estava centrado no produto, e não no consumidor.
- **Marketing de mercado-alvo ou *target marketing*** — quando as empresas perceberam que, mesmo diversificando e promovendo extensões de suas linhas de produto, poderiam perder mercado, chegaram à conclusão de que seria preciso entender melhor as necessidades específicas dos diversos segmentos do mercado. Ao mesmo tempo, outros fatores colaboraram para tanto: a) os consumidores ficavam cada vez mais bem informados e exigentes no que dizia respeito à sua identidade e a seus valores; b) as técnicas de pesquisa de mercado passavam por uma rápida evolução; c) os produtos existentes chegavam à maturidade de seu ciclo de vida. Por preconizar a segmentação, também é chamado de marketing "segmentado" ou de segmentação, denominações estas relativamente comuns.

O marketing de mercado-alvo é atualmente o mais utilizado pelas empresas, seja para bens de consumo, seja para bens organizacionais. Um exemplo é a política recente da Coca-Cola: em função da necessidade de alcançar segmentos não

---

2 HISTORY OF BOTTLING. Atlanta: The Coca-Cola Company, [200-]. Disponível em: <http://www.thecoca-colacompany.com/ourcompany/historybottling.html>. Acesso em: 16 out. 2012.

atingidos por sua postura anterior, como aquele constituído por consumidores de bebidas sem açúcar, a empresa diversificou seus produtos, lançando bebidas como a Coca-Cola Light, Coca-Cola Zero, águas e chás prontos para consumo.

Das três posturas citadas, a que explicitamente preconiza a segmentação é a terceira, o chamado **marketing de mercado-alvo**. Ele reconhece que um consumidor nunca é igual a outro.

> **Marketing de mercado-alvo:** postura que, explicitamente, preconiza a segmentação e reconhece que um consumidor nunca é igual a outro.

O consumidor pode ter, por exemplo, renda diferente, o que implica uma diferente capacidade de compra. Imagine, diante disso, o caso de um produto comum como um automóvel. Quais seriam as diferenças necessárias no produto para atender um consumidor norte-americano de alta renda, bem como aquelas necessárias para atender um consumidor de classe média do Centro-Oeste brasileiro? Possivelmente, o consumidor norte-americano estaria interessado em diversos itens de segurança e conforto, tais como *air bags*, câmbio automático, aquecimento interno, entre outros. É provável que o consumidor brasileiro, por sua vez, estivesse mais interessado em um automóvel resistente e durável, capaz de enfrentar trechos de estrada com precária pavimentação, de fácil manutenção e preço acessível.

Os consumidores também podem ter hábitos de vida diferentes, o que leva a hábitos de compra distintos. Ainda no exemplo do automóvel, se o proprietário somente o utiliza para ir de casa ao trabalho, em uma grande cidade, é provável que vá requerer economia de combustível e alguns itens de conforto, como rádio e ar-condicionado. Já se o consumidor utiliza o veículo para viagens nos fins de semana, possivelmente se interesse também por itens como tamanho do porta-malas, desempenho nas ultrapassagens e autonomia de viagem.

A localização de um consumidor, se em grandes ou pequenas cidades, se em regiões afluentes ou pobres, também leva a decisões de compra diferentes entre si. Consumidores das grandes cidades em geral têm mais contato com inovações vindas do resto do mundo — é o chamado *cosmopolitismo* —, ao passo que consumidores de pequenas cidades tendem a ser mais conservadores em suas escolhas.

A questão a ser respondida, então, é em que medida um composto de marketing envolvendo um projeto único de preço, produto, comunicação e distribuição seria capaz de atingir tal diversidade de consumidores. Se a empresa reconhece que não pode atingir a todos os consumidores potenciais da mesma maneira, nas mais variadas situações de compra, então a única via a seguir é o marketing de mercado-alvo.

4.2.2 As três etapas do marketing de mercado-alvo

O marketing de mercado-alvo consiste na consecução de três etapas: segmentação; seleção de segmentos-alvo; e posicionamento. Saliente-se que essas três etapas devem ser executadas de forma interdependente, ou seja, ao iniciar cada uma delas deve-se partir dos resultados da anterior para que a coerência do desenvolvimento seja mantida. Segue a análise de cada uma das etapas.

4.2.2.1 Segmentação

> **Segmentação:** consiste em identificar grupos de consumidores que demandam produtos ou compostos de marketing diferenciados entre si.

A **segmentação** de dado mercado consiste em identificar grupos de consumidores que demandam produtos ou compostos de marketing diferenciados entre si. Para que esse processo seja levado a cabo com sucesso, é necessário que os requisitos descritos a seguir estejam presentes.

- **Mensurabilidade** — o segmento deve ser mensurável do ponto de vista do retorno potencial, total e da empresa. Tal retorno deve ser calculado por meio de uma projeção de vendas e comparado aos custos mercadológicos de entrada no mercado. Se a rentabilidade projetada for adequada aos objetivos financeiros da empresa, então uma das condições está preenchida.
- **Acessibilidade** — uma vez identificado um segmento rentável, deve ser possível iniciar programas de comunicação que o atinjam eficazmente, a um custo compatível com os estimados no item anterior. A existência, por exemplo, de revistas especializadas é sempre um bom indicador de que tal segmento de alguma maneira é acessível.
- **Substancialidade** — um segmento deve ser o menor grupo homogêneo passível de ser atingido, de maneira rentável, pela adequação dos produtos voltados ao seu consumo. Se um segmento não se diferencia de outro substancialmente, podendo ser englobado por um segmento maior, seu grau de substancialidade é baixo, afastando a possibilidade de ser atingido. Em outras palavras, as diferenças entre os distintos segmentos devem ser substantivas para serem levadas em conta pelas empresas que praticam o marketing de mercado-alvo.
- **Acionabilidade** — trata-se da capacidade empresarial de atender aos requisitos demandados pelo segmento. Muitas vezes, tais requisitos implicam mudanças que atingem do *layout* industrial, em função de modificações na linha de produtos existente, até níveis mais profundos, como a cultura da organização. Torna-se difícil imaginar, por exemplo, uma pequena empresa familiar, fabricante de roupas dirigidas a crianças das classes B e C, atingir eficazmente o propósito de criar moda voltada para um público adulto, de classe A. Ou, em outro caso, uma lanchonete de subúrbio pretender tornar-se um restaurante de luxo.

4.2.2.2 Variáveis para segmentação de mercados de bens de consumo

> **Variável geográfica:** tipo de variável de segmentação de mercado ligada à localização do consumidor.

É possível definir segmentos de consumidores com o uso, individual ou combinado, de variáveis geográficas, demográficas, psicográficas e comportamentais. **Variáveis geográficas** estão ligadas à localização do consumidor. **Variáveis demográficas** dizem respeito a características como sexo, idade e renda do consumidor. **Variáveis psicográficas** exploram aspectos da personalidade das pessoas e de seu estilo de vida. **Variáveis comportamentais** são aquelas que nos mostram em que ocasiões e com qual intensidade o consumidor adquire o produto, bem como sua lealdade à marca. Mais adiante será visto como é feita a segmentação de mercados empresariais.

O Quadro 4.1 apresenta-nos as variáveis de segmentação citadas, identificando alguns de seus componentes.

Variável demográfica: tipo de variável de segmentação de mercado que diz respeito a características como sexo, idade e renda do consumidor.

Variável psicográfica: tipo de variável de segmentação de mercado que explora aspectos da personalidade das pessoas e de seu estilo de vida.

Variável comportamental: tipo de variável de segmentação de mercado que nos mostra em que ocasiões e com qual intensidade o consumidor adquire o produto, bem como sua lealdade à marca.

Quadro 4.1 Variáveis de segmentação para mercados de bens de consumo

Variável	Possibilidades de segmentação
Geográfica	
• Localização	Sul; Sudeste; Norte; Nordeste; Centro-Oeste.
• Tamanho da cidade	Menos de 10 mil; entre 10 mil e 100 mil; acima de 100 mil habitantes.
• Clima	Tropical; subtropical etc.
Demográfica	
• Idade	Menos de 4; de 5 a 9; 10 a 19; 20 a 29; 30 a 39; 40 a 49; 50 a 59; 60 a 69; mais de 70.
• Gênero	Masculino; feminino.
• Tamanho da família	Dois componentes; três a quatro; cinco ou mais componentes.
• Estágio no ciclo de vida familiar	Família recém-formada, sem filhos; família com um bebê; família com filhos na escola; família com filhos fora de casa.
• Renda familiar ou individual	Menos de três salários mínimos; entre três e cinco salários mínimos; de cinco a dez salários mínimos; de dez a 20 salários mínimos; acima de 20 salários mínimos.
• Ocupação principal	Profissional liberal; empresário; operário; funcionário público etc.
• Educação	Ensino médio completo; superior incompleto; superior completo; pós-graduado.
• Religião	Católico; evangélico; judeu; sem religião; ateu.
• Origem étnica	Asiática; europeia; africana; ameríndia.
• Classe social	A; B; C; D; E.
Psicográfica	
• Estilo de vida	Seguidor, integrado, pioneiro.
• Personalidade	Gregário, autoritário, ambicioso.
• Classificação Vals	Inovadores, reflexivos, realizadores, experimentadores, crentes, esforçados, fazedores, lutadores.

Continua

Continuação

Comportamental	
• Ocasião de compra	Compras regulares; compras em situações especiais.
• Benefício esperado	Qualidade; serviços; baixo preço.
• Status do usuário	Não usuário; ex-usuário; usuário potencial; usuário pela primeira vez; usuário regular.
• Taxa de uso	*Heavy user*; *light user*.
• Lealdade à marca	Nenhuma; média; forte; absoluta.
• Atitude quanto ao produto	Entusiástica; positiva; indiferente; negativa; hostil.

Fonte: adaptado de KOTLER, Philip; ARMSTRONG, Gary. *Princípios de Marketing*. 12. ed. São Paulo: Prentice Hall Brasil, 2007.

Para um país com as dimensões territoriais do Brasil, com marcantes diferenças regionais, elevada taxa de concentração de renda, bem como uma pirâmide demográfica típica de país não desenvolvido, é possível identificar uma infinidade de combinações que formam segmentos de mercado. Tais segmentos, por comportarem padrões de consumo diferenciados entre si, merecem por parte das empresas um tratamento mercadológico diferenciado.

Do ponto de vista geográfico, por exemplo, é possível identificar diferenças culturais, econômicas e climáticas entre o Nordeste e o Sul do Brasil; é possível que tais diferenças gerem características de consumo distintas para muitas categorias de produto, tais como cerveja, sorvetes, alimentos enlatados e até inseticidas, entre outras. Isso quer dizer que características de consumo diferenciadas por região devem ser levadas em conta na gestão de produto. Seria possível e, sob certas circunstâncias, aconselhável oferecer produtos diferentes por região, tendo em vista uma segmentação geográfica. Um exemplo de utilização do critério geográfico de segmentação é aquele proporcionado pela influência ainda presente de imigrantes oriundos da Europa. Embora não formem um contingente majoritário, seus hábitos alimentares, festas típicas, sua cultura, enfim, permanecem influenciando as comunidades nas quais estão inseridos. Isso facilita abordagens de comunicação que contenham elementos baseados nessas culturas, as quais são positivamente encaradas pelos seus descendentes e pelas comunidades locais: um exemplo é que um dos tipos de salsichas prediletas para consumo no Rio Grande do Sul é do tipo branco, sem a característica cor vermelha da consumida na maior parte dos outros estados.

Do ponto de vista demográfico, alguns dados censitários podem esclarecer a importância desse tipo de segmentação. Cerca de 18% da população brasileira têm entre 20 e 29 anos de idade;[3] para um intervalo de idade entre 15 e 29 anos, a proporção passa a ser de 28%. Apenas 8,5% possuem acima de 60 anos, embora a tendência seja a de que esse percentual aumente paulatinamente em função da melhora na expectativa de vida e da diminuição da taxa de natalidade. As mais diferentes categorias de produtos — tais como roupas, publicações e aparelhos eletroeletrônicos — têm de levar em conta essa realidade. A enorme difusão de informações e da propaganda leva a uma natural diferenciação de atitudes entre as

[3] Instituto Brasileiro de Geografia e Estatística (IBGE). *Censo demográfico 2000*. Rio de Janeiro, 2002.

diversas faixas etárias, estando as mais novas propensas ao consumo de produtos mais recentes, como *smartphones*, *Blue-Ray discs*, novas marcas de alimentos etc. Por sua vez, as faixas etárias superiores igualmente buscam a satisfação de suas necessidades e seus desejos, seja por meio de conveniência, facilidade de uso ou serviços diversos, tais como viagens de lazer e serviços médicos a preço acessível. Há estudos de autores norte-americanos, tais como os desenvolvidos por Howe e Strauss,[4] que sustentam haver diferenças significativas no comportamento e, portanto, nos hábitos de consumo entre distintas gerações. No Brasil, no entanto, não há pesquisa suficiente que comprove tal afirmação nos moldes propostos pelos autores citados.

Do ponto de vista de classe social, sabe-se que a classe A tem predileção por produtos que exibam sua exclusividade de uso. Tal segmento, dada a existência de uma forte concentração de renda no país, é comparável em tamanho ao existente em alguns países europeus: aproximadamente 10 milhões de pessoas, ou 5,9% da população, possuem renda mensal superior a 20 salários-mínimos.[5] Para esse mesmo segmento, o aumento da violência urbana tem propiciado vendas crescentes de carros blindados e dispositivos de segurança.

Explore mais em:
<www.ibge.gov.br>

Do ponto de vista psicográfico, pode ser observada a diversidade de estilo de vida e de personalidade existente. É conhecida a hipótese de que as classes A e B influenciam, por meio de sua imagem pública, os hábitos de consumo das demais.[6] Pode ser conveniente, para um produtor, estabelecer-se nesse segmento, com a finalidade de atrair mais consumidores que sejam *imitadores sociais* dessas classes. Dessa forma, um restaurante pode convidar personalidades públicas ou VIPs (do inglês, *very important person*) para atrair mais consumidores, os quais, provavelmente, valorizam o fato de fazer suas refeições junto de pessoas importantes. Com relação aos estilos de vida, a grande concentração urbana fez surgirem grandes metrópoles. Nesses enormes aglomerados urbanos, encontram-se trabalhadores do setor formal, do setor informal, microempresários, profissionais liberais etc. — um mercado amplo o bastante para comportar lojas de conveniência, *shopping centers*, clubes, academias de ginástica, teatros, entre outros serviços que podem ser direcionados a públicos com interesses diversificados e nos mais diferentes horários.

A possibilidade de identificar segmentos com base no fator comportamental frequentemente depende de dados coletados entre os clientes das empresas, incluindo pesquisas via *scanning*, que é a coleta de dados via código de barras nos

4 HOWE, Neil; STRAUSS, William. *Generations*: the history of America's future, 1584 to 2069. New York: William Morrow Harper Collins, 1992.

5 IBGE, 2002.

6 ENGEL, J. F.; BLACKWELL, R. D.; MINIARD, P. W. *Consumer behavior.* 7. ed. New York: The Dry-den Press, 1993.

terminais de ponto de venda, como visto no Capítulo 2. As variáveis de interesse nesse caso podem ser ocasião de compra, *status* do usuário e taxa de uso. Exemplos bem-sucedidos de segmentação com base nesse critério não faltam, como as tarifas e os serviços aplicados pelas companhias aéreas a seus passageiros frequentes, normalmente executivos em viagens de negócios. Outra maneira ainda mais comum e simples é a distribuição de cupons, do tipo "ganhe uma pizza a cada dez compradas".

4.2.2.3 Seleção de segmentos-alvo

Após a identificação e o mapeamento dos segmentos existentes para determinado produto, passa-se à seleção dos segmentos-alvo. Com base nos critérios definidos no item anterior, torna-se possível para dada empresa definir qual será sua estratégia de mercado em relação aos segmentos identificados. É possível escolher entre três níveis de cobertura de mercado, resumidos na Figura 4.2.

Figura 4.2 Níveis de cobertura do mercado

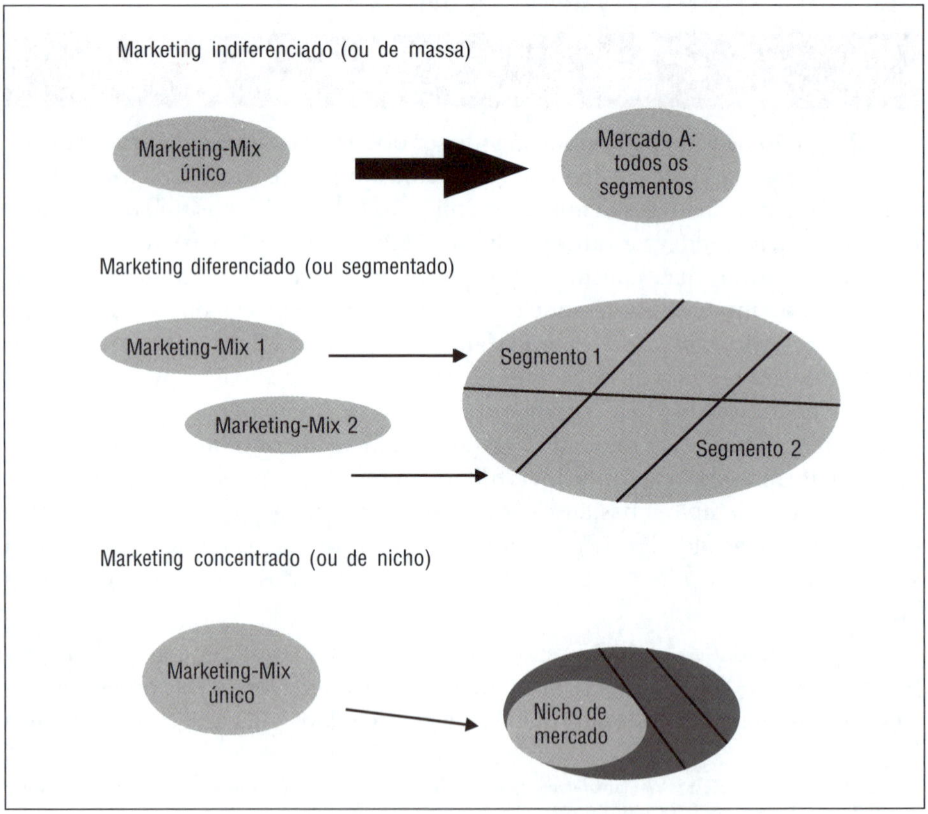

Fonte: adaptada de KOTLER, Philip; ARMSTRONG, Gary. *Principles of marketing*. 6. ed. Englewood Cliffs: Prentice Hall, 1994.

Como nos indica a Figura 4.2, uma empresa pode, mesmo após identificar diversos segmentos no mercado, dedicar-se a um marketing semelhante ao já comentado *marketing de massa*, o chamado **marketing indiferenciado**. Tal abordagem pode ser descrita como um esforço em identificar as necessidades comuns da maior parte dos consumidores, mais do que suas diferenças. Baseia-se em grande volume de distribuição e propaganda, geralmente enfatizando um ou outro atributo superior do produto. As vantagens e desvantagens de tal postura são as mesmas, já citadas, do marketing de massa. Por motivos pedagógicos, vamos considerar indistintos, deste ponto em diante, os termos *marketing de massa* e *marketing indiferenciado*. Cabe ressaltar que a adoção do marketing indiferenciado pode ser um imperativo de ordem econômico-financeira ou ligado de alguma maneira à capacidade produtiva da empresa, que pode não dispor de recursos para produzir bens ou serviços diferenciados para distintos segmentos de mercado. Um exemplo é o da atuação da Companhia de Saneamento Básico do Estado de São Paulo (Sabesp), que atende diversos municípios do Estado de São Paulo com o mesmo nível de serviço para todos os consumidores.

> **Marketing indiferenciado:** abordagem descrita como um esforço em identificar as necessidades comuns da maior parte dos consumidores, mais do que suas diferenças.

Outra postura é a do chamado **marketing diferenciado ou segmentado**. Para empresas que possuem capacidade tecnológica e gerencial de oferecer produtos diferenciados a segmentos distintos, essa geralmente é a melhor alternativa. Afinal, ela acaba por gerar lealdade à marca nos diversos segmentos, o que significa, em última instância, que os consumidores têm menor sensibilidade aos preços. Essa menor sensibilidade pode ser vantajosa por duas ordens de fatores: a primeira é a situação proporcionada em uma conjuntura estável, quando se pode operar com margens ligeiramente acima da média do setor; a segunda é o enfrentamento de crises, ou guerras de preços, em uma situação mais confortável que a dos concorrentes.

> **Marketing diferenciado ou segmentado:** postura de empresas que possuem capacidade tecnológica e gerencial de oferecer produtos diferenciados a segmentos distintos, gerando lealdade à marca nos diversos segmentos.

Vejamos como exemplo a empresa de origem francesa do ramo hoteleiro Accor Hotels, que atua no mercado global por meio de distintas bandeiras, a saber:

- Hotel Formule 1 — um hotel "superprático" e "supereconômico", o qual atende a viajantes que demandam serviços básicos de hospedagem, não permanecem em estadias prolongadas e buscam preços baixos, tais como turistas em excursões, estudantes, profissionais de vendas itinerantes, entre outros; cada quarto pode receber até três hóspedes.
- Ibis Hotel — segundo sua página na internet, "a rede Ibis mudou o conceito de hotelaria econômica no Brasil, oferecendo um produto de qualidade, sempre bem localizado, com apartamentos modernos, serviços rápidos e práticos e preços acessíveis". Assim, seu público, apesar de buscar hotéis econômicos, requer mais atenção e deseja mais serviços que o público do

Formule 1, englobando viajantes a negócios, participantes de congressos e feiras em geral, famílias a turismo, entre outros.

- Hotel Mercure — trata-se de empreendimentos hoteleiros com certa sofisticação, valorizando aspectos locais na decoração e restaurantes — ao contrário dos anteriores, altamente padronizados —, apartamentos grandes, visando hóspedes que ficarão no hotel por uma semana ou mais, especialmente a turismo.
- Novotel — hotéis amplos, padronizados e confortáveis, "estão situados em eixos de grande circulação, locais de fácil acesso, estradas, centros de negócios, nas proximidades de aeroportos, rodovias e centros de cidade", sendo, portanto, indicados para viajantes a negócios que requerem um grau de conforto superior, aliado à conveniência da localização.
- Sofitel — trata-se dos hotéis de luxo do grupo Accor. Contam com restaurantes de alta gastronomia, muitos equipamentos de lazer, como piscina, sauna, quadras de tênis, entre outros. Apartamentos espaçosos e luxuosos, próprios para estadias maiores em localização privilegiada, voltada a um público-alvo exigente e de alta renda, normalmente em viagens turísticas.

Possivelmente, segmentos tão diversificados quanto os expostos estão satisfeitos em encontrar serviços que atendam a suas necessidades específicas, originários de um mesmo grupo, tradicional e bem-conceituado.

> **Marketing concentrado ou de nicho:** postura de empresas que buscam dar um passo além do atendimento de um segmento e se especializam em uma porção ainda menor, chamada *nicho de mercado*.

A terceira alternativa é o **marketing concentrado ou de nicho**. Pode ser observado na Figura 4.2 que a empresa dá um passo além do atendimento de um segmento e se especializa em uma porção ainda menor, chamada *nicho de mercado*. Três ordens de razões podem levar à adoção dessa estratégia. A primeira seria uma incapacidade econômico-financeira de atender mais de um segmento, pois isso, geralmente, exige altos investimentos, maiores pré-requisitos tecnológicos e gerenciais, entre outros fatores. A segunda ordem de razões envolve considerações de caráter estratégico. Uma empresa pode ter como estratégia competitiva o chamado *enfoque*, orientando-se para a descoberta de nichos de mercado, em geral inexplorados pela concorrência, e para a atuação neles. Logo, a correspondente estratégia de cobertura de mercado somente pode ser o marketing concentrado. A terceira forma de situar a questão é a utilização do conceito de posicionamento. Uma empresa pode, contínua e sistematicamente, buscar a formação de uma imagem homogênea e distinta na mente de seus clientes e consumidores em geral. Uma das formas para atingir tal situação é a especialização, a qual normalmente proporciona habilidade e eficiência maiores que as dos concorrentes. Tal temática será discutida com mais detalhes na Seção 4.4 (Posicionamento: fixando um conceito na mente do consumidor). Um exemplo notável de empresa que pratica o marketing concentrado no mundo é a fabricante de automóveis alemã Porsche. Suas cinco linhas de automóveis — 911, Boxster, Cayman, Cayenne e Panamera — mostram uma formidável qualidade de design, desempenho da motorização no nível das mais altas exigências, avançada eletrônica embarcada, bem como itens de luxo e conforto em quantidade e qualidade muitos degraus acima em relação a outras marcas. Tal conjunto de atributos, somado ao seu alto preço, contribui para tornar os automóveis Porsche verdadeiros "carros de sonho", os quais milhões de pessoas no mundo desejariam possuir e dirigir, sonho este reservado àqueles capazes de pagar mais de R$ 350 mil por um dos modelos básicos. Dessa forma, fica claro que a empresa optou por atuar em um nicho de mercado caracterizado por altíssimo poder aquisitivo, aliado a um temperamento ousado e paixão por esportividade e desempenho, sem abrir mão de conforto. Os outros segmentos de consumidores de automóveis restam desatendidos pela Porsche, que tem sido, no entanto, uma empresa rentável — quem sabe justamente por ter-se especializado em um nicho bastante exigente, mas que está disposto a pagar por isso. Recentes tentativas da Porsche de incorporar outras marcas de automóveis falharam, mostrando que a especialização em um único nicho de mercado talvez seja a melhor estratégia de marketing a ser seguida.

Explore mais em:
<http://www.porsche.com.br>

Uma forma de segmentação mais recente é o chamado **micromarketing**, que pode ir da adaptação de uma loja de varejo aos consumidores do bairro até o **marketing um a um**, que permite a adaptação de um produto segundo necessidades e conveniências de um consumidor individual.

Micromarketing: tipo de segmentação que pode ir da adaptação de uma loja de varejo aos consumidores do bairro até o marketing um a um.

Marketing um a um: postura que permite a adaptação de um produto segundo as necessidades e conveniências de um consumidor individual.

Mais adiante, será visto que a continuidade lógica da segmentação é o chamado posicionamento da marca. Entretanto, antes deve ser observado que segmentar o mercado de bens de consumo é diferente de segmentar o mercado empresarial.

4.3 segmentação de mercados empresariais

Até agora foi vista a segmentação de mercados de consumidores finais. No entanto, existem muitas empresas que destinam seus produtos não aos consumidores, mas a outras empresas. Exploremos, pois, as possíveis formas de segmentação desse mercado.

Considerando as particularidades do mercado empresarial, podem-se determinar as seguintes variáveis como adequadas para segmentá-lo.[7]

- **Por atividade industrial** — diferentes setores industriais frequentemente possuem níveis distintos de exigência quanto à qualidade e ao nível de serviços proporcionados por seus fornecedores. Uma empresa do setor de tintas pode possuir uma linha de tintas destinadas ao mercado automotivo, de qualidade razoável e preço regular, e outra linha de tintas e vernizes destinados à indústria naval, com especificações diferentes e muito mais exigentes. Outro exemplo são as empresas de consultoria que utilizam equipes especializadas em atender clientes do setor financeiro ou de telecomunicações ou automobilístico, entre outros.
- **Por aplicação do produto** — frequentemente, um mesmo produto pode ter aplicações distintas dentro de uma mesma indústria, algumas exigindo mais performance do que outras. Por exemplo, um fabricante de anéis de motores a explosão pode vender esse produto para fabricantes de motores a gasolina, com determinada especificação, e para fabricantes de motores a diesel, com outra. Os motores a diesel requerem maior resistência de seus componentes, logo, estes devem ser diferentes dos usados em outros tipos de motor.
- **Por localização** — uma empresa pode especializar-se em atender empresas de determinada região, seja por estar inserida em um *cluster* ou agrupamento regional de empresas, seja por incentivos fiscais, como na Zona Franca de Manaus, ou por motivos de ordem logística.
- **Por configuração do processo de compra** — uma empresa pode segmentar seu mercado em função das formas pelas quais o cliente busca adquirir seu produto, como *leasing*, financiamento governamental, fundos próprios etc. Cada uma dessas modalidades implica maiores ou menores esforços de negociação e formatação de propostas, o que provavelmente acarretará especialização da força de vendas.
- **Por importância do cliente** — em geral, quando há uma disparidade muito grande no tamanho dos clientes de uma empresa, esta pode criar um composto mercadológico "sob medida" para os grandes clientes. Um fabricante de computadores pode possuir uma linha de produtos e uma força de vendas especificamente voltada para atender grandes bancos, por exemplo. A mesma empresa pode ter outra linha de produtos e equipes de vendas especializadas em pequenas e médias empresas, a fim de

[7] TELLES, Renato. *B2B:* marketing empresarial. São Paulo: Saraiva, 2003.

propiciar a maior cobertura de mercado a esse segmento emergente e cada vez mais atraente.

- **Por utilização do produto em mercados de componentes originais ou de peças de reposição** — se uma empresa produz bens que são utilizados nesses dois mercados, tanto os níveis de exigência de qualidade quanto os canais de distribuição são diferentes, o que pode propiciar a diferenciação dos respectivos compostos mercadológicos.

As variáveis de segmentação aqui especificadas podem ser combinadas umas com as outras, de modo que a empresa obtenha o melhor resultado de seu programa de segmentação.

Posicionamento, o próximo conceito a ser analisado, é aplicável com muitas restrições ao mercado empresarial, já que lida fundamentalmente com o composto de comunicação e seu resultado na mente do consumidor. Feita a ressalva, passemos a estudá-lo.

4.4 posicionamento: fixando um conceito na mente do consumidor

O conceito de posicionamento, exposto no clássico trabalho de Al Ries e Jack Trout,[8] conduz-nos a um refinamento da tarefa inicial de segmentação de mercado. Em realidade, é dificílimo localizar um segmento de mercado inteiramente novo, sem concorrência. No caso de um produto ter à sua frente um ou mais concorrentes, é tarefa básica da gestão de produto saber como posicioná-lo na mente do consumidor potencial. Segundo Cobra,[9] **posicionamento** pode ser definido como: "a arte de configurar a imagem da empresa e o valor oferecido do produto em cada segmento, de forma que os clientes possam entender e apreciar o que a empresa proporciona em relação à concorrência".

Vejamos, então, os detalhes desse conceito.

4.4.1 *Simplicidade na mensagem publicitária*

Para compreender o que vem a ser posicionamento, é necessário preocupar-se em entender como a mensagem é recebida pelo consumidor em potencial. Em outras palavras, o foco da análise é o processo de comunicação empresa-consumidor. Uma primeira constatação é a de que vivemos em uma sociedade

[8] RIES, Al; TROUT, Jack. *Posicionamento:* como a mídia faz sua cabeça. São Paulo: Pioneira, 1989.

[9] COBRA, Marcos. *Administração de marketing.* São Paulo: Atlas, 1990.

saturada de comunicação, dado o número imenso de produtos e marcas existentes no mercado. Defende-se, então, que a mensagem publicitária deve poder ser claramente interpretada pelo consumidor, sem ambiguidades. Para que isso ocorra, ela deve ser simples. Tal simplificação precisa levar em conta não somente as características e os atributos do produto em si, mas também a imagem que se pretende transmitir ao mercado.

Um exemplo a ser citado foi o lançamento da cerveja Nova Schin. Seu nome denota uma novidade, ao utilizar o adjetivo *Nova*, ao mesmo tempo em que se tem a continuidade de uma marca já tradicional do mercado, a Schincariol. Sua campanha publicitária foi marcada pelo mote "Experimenta!", com a intenção simples e clara de convidar o público a provar o produto. Outro exemplo de campanha simples e bem-sucedida é a da Casas Bahia, uma grande varejista de móveis e eletrodomésticos em geral: "Quer pagar quanto?" — a frase constantemente apresentada nos anúncios tornava evidente a facilidade de negociação entre a empresa e seus potenciais compradores.

4.4.2 Obtendo uma posição na mente do consumidor

De modo esquemático, a mente do consumidor pode ser comparada a um local em que estão delimitadas "posições", como em um pódio de Fórmula 1. Cada categoria de produto — por exemplo, sabão em pó, aparelhos de barbear, xampus, tênis, automóveis — teria seu próprio "pódio". Cada degrau desses pódios significa uma posição imaginária em termos de conceito de marca. O número de tais degraus é limitado, já que a mente não guarda informação inútil. Partindo dessa analogia, pode-se concluir que é muito difícil uma marca nova obter lugar na mente dos consumidores, a não ser que utilize algumas técnicas, chamadas em seu conjunto de *posicionamento*.

A primeira dessas técnicas é assumir a postura de líder, como fez a cerveja Brahma, que, durante alguns anos utilizou o *slogan* "A número 1". É evidente que tal postura é, por definição, limitada somente a uma marca por categoria de produto. Continuamente, pesquisas do tipo *Top of Mind* mostram que algumas marcas logram obter essa posição em suas respectivas categorias de produto:

- sabão em pó — Omo;
- tênis — Nike;
- refrigerante — Coca-Cola;
- cigarro — Marlboro.

As marcas citadas não detêm, necessariamente, a maior fatia de mercado, porém, com frequência, são as primeiras a serem citadas pelos consumidores quando questionados a respeito.

Para as marcas que não conseguem ou não querem assumir uma postura de liderança, restam diversas alternativas. Uma delas é tentar reproduzir atributos da marca líder, a chamada resposta "eu também". Tal perspectiva não é recomendável, pois de fato não posiciona a marca, não lhe proporcionando, assim, uma identidade própria e distintiva na mente do consumidor. No entanto, em mercados maduros, tal atitude de marketing é bastante usual.

Outra possibilidade é tentar descobrir um nicho de posicionamento desocupado pela concorrência. Alguns dos possíveis nichos são os seguintes:

- **Tamanho ou outro atributo** — um produto, por exemplo, um detergente, pode muito facilmente explorar os desejos de conveniência (tamanho pequeno) ou economia (tamanho grande) e fixar-se como a marca que, por excelência, detém tais atributos. Uma vez atingido tal posicionamento, a associação da marca aos seus atributos é instantânea, dificultando a ação da concorrência. Por exemplo, a Ford possui uma caminhonete, o modelo F-250, cabine dupla, que é, sem dúvida, a maior do mercado, e tem enfatizado essa característica em sua comunicação. Outro exemplo é a rede de restaurantes de culinária australiana *Outback Steakhouse*, de origem norte-americana e presente em diversas cidades do Brasil. Tais restaurantes possuem ambiente informal, o qual lembra a Austrália rural dos anos 1950, sendo presentes, é claro, sua gastronomia e bebidas, como a cerveja australiana *Foster's*.
- **Preço-qualidade** — o fator preço sempre deve ser considerado cuidadosamente no processo de elaboração de estratégias de marketing. Uma marca posicionada com preço alto sempre carrega consigo a imagem de conferir *status* a quem a consome. Porém, não basta que ela tenha um preço alto e seja reconhecida como tal, devendo também possuir alta qualidade, de maneira a afugentar concorrentes seguidores do lema "eu também". Exemplos a serem citados são as gravatas — e outros acessórios de moda — *Hermés* e as canetas *Mont Blanc*. Um raciocínio análogo se aplica ao caso de marcas com preço inferior ao da concorrência. Não bastará ser a mais barata, se não tiver sido a primeira a divulgar tal característica — aliás, bastante copiada nos dias de hoje. Estabelecimentos varejistas frequentemente tentam obter tal posicionamento; são exemplos as Lojas Marabraz ("Preço menor ninguém faz"), os Supermercados Extra ("Mais barato, mais barato, Extra!"), entre outros. A própria localização de um estabelecimento, por exemplo, na rua 25 de Março, no centro da capital paulista, também é um indicador de varejo a preços baixos.
- **Concorrência** — empresas podem, às vezes, ter como referência a imagem de seguidoras bem próximas das marcas líderes, e recorrer, para tanto, a *slogans* como aquele que já foi utilizado pela rede de TV SBT: "*Líder*

absoluto da vice-liderança". Outra forma é um cotejo direto, por meio da propaganda comparativa, como tem feito a montadora de automóveis de origem coreana Hyundai: em recentes anúncios na mídia escrita, tem-se elogiado as marcas concorrentes BMW e Mercedes para posicionar seus modelos. O Código de Ética do Conselho Nacional de Autorregulamentação Publicitária (Conar) descreve, em sua Seção 7, as condições nas quais a propaganda comparativa é aceitável.

Explore mais em:
<http://www.conar.org.br>

- **Gênero** — existem inúmeros exemplos de posicionamento de produtos com base no sexo do consumidor. Poderíamos citar a marca de cigarros Virginia Slims, que se identifica com o público feminino, e a cerveja Caracu, cujo mercado-alvo é constituído por homens, sobretudo aqueles que consomem cerveja em balcão. Tal abordagem, de imediato, tende a garantir a disputa de metade do mercado do produto existente.
- **Faixa etária ou público-alvo específico** — produtos dirigidos ou ao público jovem, ou ao público de meia-idade, ou ao público idoso tendem a ser mais bem-sucedidos do que os que tentam atingir todas as faixas etárias ao mesmo tempo. Aqui, é necessário ressaltar que não se trata de uma mera segmentação por idade. A segmentação comporta ajustar o produto aos segmentos que ele atende. Nesse caso, trata-se de focalizar, concentrar a comunicação e gerar uma imagem fortemente associada ao mercado-alvo. Isso ocorre, por exemplo, na rede de televisão MTV, que é praticamente sinônimo de comunicação jovem. Durante muitos anos, antes da proibição da propaganda de cigarros na TV, a marca Marlboro, da Philip Morris, tinha como ícone o chamado "homem de Marlboro", representado por *cowboys*, posicionando a marca como a predileta de homens livres e decididos.

Outros nichos poderiam ser arrolados, porém o importante a ressaltar é o conceito básico de que, ao planejar a comunicação de um produto, deve-se pensar menos no produto em si do que naquilo que o consumidor potencial poderia imaginar a respeito dele.

A percepção do mercado-alvo com relação ao posicionamento das diversas marcas pode ser obtida por meio de pesquisas e seus resultados, mostrados graficamente em mapas de percepção ou mapas de posicionamento, os quais têm um exemplo apresentado na Figura 4.3.

Figura 4.3 Mapa de posicionamento — Instituições de Ensino Superior[10]

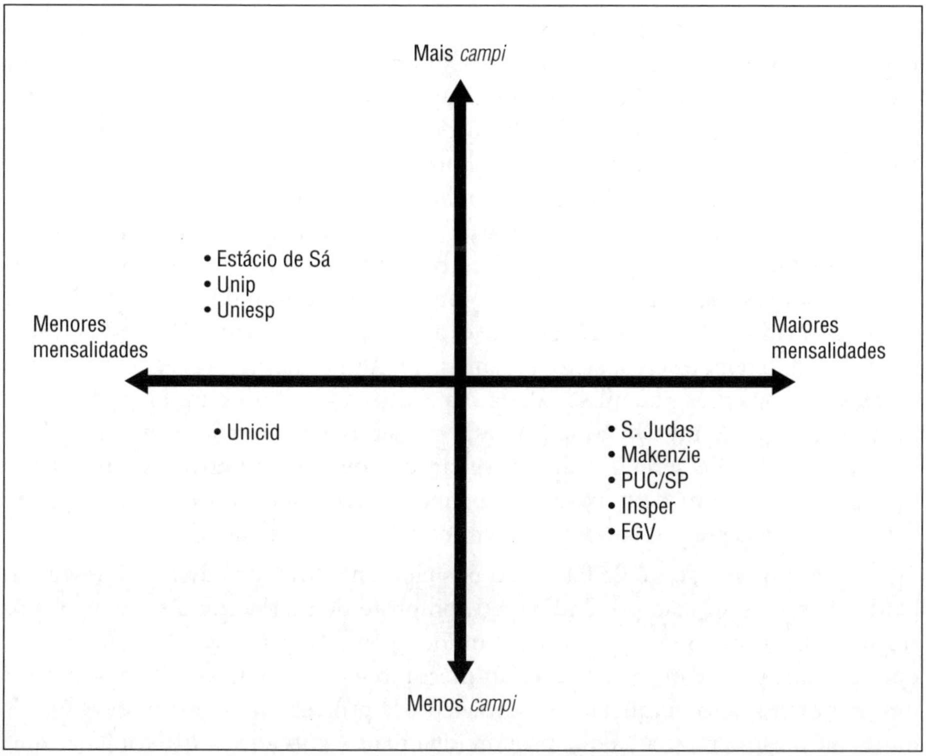

Fonte: elaborada pelos autores com base em dados fictícios ou hipotéticos, somente como exemplo.

Pode ser observado, no exemplo da Figura 4.3, que os eixos apontam características opostas, delimitando um plano em que estariam distribuídos os diversos concorrentes do mercado de ensino superior no Estado de São Paulo. Instituições situadas mais perto das "pontas" teriam um posicionamento mais claro e definido do que aquelas situadas entre estas. Geralmente, associa-se um preço maior (mensalidade) a uma qualidade também maior; no entanto, tal eixo — qualidade — não está exposto no mapa, que leva em consideração apenas as dimensões relativas ao número de *campi* e às mensalidades.

Os estudos a respeito da percepção do consumidor quanto a produtos e marcas sustentam-se em uma técnica estatística refinada, chamada ***multidimensional scalling*** **(MDS)**. Graças à utilização intensa de *softwares* e modelos aplicados sobre pesquisas de marketing quantitativas, pode-se obter uma representação tridimensional do posicionamento do produto, na qual os mapas de percepção não são mais somente desenhos sobre o papel, mas, sim, pequenos cubos sólidos, de interpretação muito mais rica que os tradicionais.

---

[10] Trata-se de exemplo de caráter puramente ilustrativo e didático. Os dados são fictícios.

4.4.3 Fontes de falhas no posicionamento

O posicionamento de uma marca pode ser afetado negativamente de diversas maneiras. Um erro bastante comum consiste em lançar diversos produtos sob uma mesma marca ou, então, usar o nome da empresa como marca universal de seus produtos. Tais políticas podem confundir o entendimento da mensagem passada ao consumidor, pois a essência do posicionamento é associar certas características de um produto a uma e somente uma marca. Quando o consumidor é bombardeado por uma multidão de marcas com a mesma característica, esta perde seu caráter distintivo. Quando essa marca é o próprio nome do fabricante de diferentes produtos, esse nome passa a ter seu significado diluído, sendo facilmente desposicionado pela concorrência em cada categoria e forma de produto. Se o fabricante não tiver o seu posicionamento geral muito claro, as ações de marketing de seus concorrentes podem ser ainda mais facilitadas. Por exemplo, poderíamos perguntar o que é um Chevrolet. A resposta seria, obviamente, "um Chevrolet é um automóvel". Mas seria um automóvel de luxo ou um automóvel popular? Seria um esportivo ou um de baixo desempenho? A resposta seria um tanto quanto diferente se trocássemos a marca Chevrolet pela marca Ferrari.

Outra possível fonte de falhas no posicionamento pode advir da incompatibilidade entre a posição pretendida e o composto de marketing efetivamente entregue. Por exemplo, o que um consumidor pensaria a respeito de uma marca que comunica ser a mais confiável do mercado e que, ao mesmo tempo, possui um grande número de queixas nos serviços de proteção ao consumidor? Ou de outra que alega ser a marca que proporciona mais *status* ao seu usuário, mas que, subitamente, inicia uma forte *liquidação* com preços abaixo da concorrência? Provavelmente, nesses dois casos, ocorreria a chamada *dissonância cognitiva* entre os compradores da marca, ou seja, talvez eles se arrependessem da compra. Entre aqueles consumidores potenciais, o processo de compra seria reavaliado, e outras marcas poderiam ganhar a sua preferência.

Foram abordados neste capítulo dois conceitos muito importantes para uma adequada implementação de programas de marketing: a segmentação de mercado e o posicionamento de produto e marca. O conceito de posicionamento, embora possa com frequência parecer nebuloso, é de importância central na comunicação do produto, à medida que permite vislumbrar novas perspectivas de diferenciação. Ele permite escapar do lugar-comum de gerir o marketing de um produto como se este fosse uma *commodity*. Tal conceito busca explorar as dimensões situadas em uma dimensão frequentemente mal compreendida ou subavaliada, a da mente do consumidor. Os exemplos levantados indicam que, em um mercado competitivo ao extremo, em que a profusão de marcas e o volume de propaganda gerado são imensos, sempre há de se buscar o melhor caminho para fixar o conceito da marca no consumidor, de tal maneira que esta não se confunda com as demais, ou seja, esteja bem posicionada. Uma das evoluções do conceito de posicionamento é o *branding*, ou conjunto de técnicas que visam ao fortalecimento da marca. De fato, são conceitos praticamente equivalentes, porém com abrangência diferente na execução — no entanto sua análise está além dos objetivos deste livro.

No próximo capítulo, será abordado em que ponto incide a aplicação dos conceitos estudados: o composto de marketing ou *marketing mix*. Conhecido mais comumente como *modelo dos 4 Ps*, o composto de marketing abarca as diferentes facetas que caracterizam a oferta de um *produto* ao mercado.

Estudando um caso

Casa Valduga produz vinho segundo a religião judaica

O vinho e o suco de uva, mais do que qualquer outra bebida, representam a santidade do povo judeu. São usados para a santificação do Shabat e Festas Judaicas. Qualquer subproduto que contenha vinho ou suco de uva, como vinagre de vinho, bala, geleia ou refrigerante de uva, conhaque e outras bebidas que possam ser destiladas ou misturadas com vinho, só poderão ser ingeridos quando possuírem supervisão rabínica confiável. Vinho feito por um judeu, que após seu preparo tenha sido fervido, não apresenta mais problemas de *kashrut*. Um suco de uva ou vinho de passas cujas uvas ou passas foram cozidas antes de extrair o suco é considerado vinho cozido. Os produtos industrializados seguem também a mesma regra básica. A casa Valduga vem produzindo desde julho de 2009 vinhos *kosher* Cabernet Sauvignon, Chardonnay, Espumante Demi-sec e Moscatel e o suco de uva Casa de Madeira. Seguindo as regras das leis judaicas. Sob supervisão do rabino Shmuel A. Havlin e coordenação do rabino Ezra Dayan, da BDK do Brasil. "O que mais complica na produção do vinho é que não é suficiente apenas acompanhar a produção, checar os ingredientes, ligar o fogo, fiscalizar que não haja mistura entre os produtos aprovados e não aprovados segundo as leis da *kashrut*. O vinho deve ser feito desde o início até o fim somente por judeus praticantes. Contudo, isto não é o bastante. Este deve ser acompanhado e fiscalizado durante todo o período até seu envase, inclusive, para que ninguém que não seja judeu praticante toque neste vinho. Qualquer ato de descuido pode invalidar o vinho para o consumo *kosher*. Imaginem como isto deve ser complexo, quando falamos em produzir vinho numa empresa situada no Brasil, onde os funcionários não são judeus. Não é a toa que uma iniciativa destas com uma vinícola deste porte e importância é praticamente inédita", explica o rabino Dayan, diretor da BDK do Brasil.

Produção

Para a elaboração da exclusiva linha de vinhos Casa Valduga K, a vinícola praticamente parou um setor da produção por quatro dias, pois alguns equipamentos, como os tanques em que os vinhos são estocados, tiveram que ser enchidos com água por 24 horas e esvaziados por três vezes. "Muitos processos foram repetidos várias vezes, pois a vinícola está em período de safra e os equipamentos tiveram que ser usados também para outras produções. Encontramos dificuldades técnicas para conseguir tanta água em tão pouco tempo, pois os tanques em certas ocasiões eram maiores que a própria caixa d'água", destaca o enólogo da Casa Valduga, Daniel Dalla Valle. Depois de tudo 'limpo' segundo as normas judaicas, além da limpeza impecável para que não sobre nenhum vestígio de produções não *kosher*, que exigiu dos colaboradores da vinícola um trabalho extra, foi iniciada a elaboração propriamente dita.

continua

continuação

Tudo feito pelos supervisores do BDK, que tiveram de aprender e desempenhar todas as funções dos colaboradores da Casa Valduga e, ao mesmo tempo, fiscalizar o ambiente de trabalho para que nenhuma pessoa não autorizada tocasse em algo ou realizasse alguma função que não poderia fazer, pois qualquer descuido invalidaria todo o processo. Outro cuidado que foi providenciado para garantir a qualidade e autenticidade do vinho *kosher*, foram os lacres desenvolvidos para os tanques e equipamentos. "Para tirar alguma amostra, um supervisor rompe o lacre, tira a amostra e volta a lacrar. Todas as torneiras e entradas do tanque são devidamente lacradas. Isto exige uma equipe de supervisores da BDK para cada etapa, por tempos prolongados, para acompanhar e desempenhar todos os processos que geralmente são realizados pelos próprios colaboradores da vinícola", relata Dalla Valle. "Esses vinhos não foram cozidos (*mevushal*), por serem produtos diferenciados. Isto significa que o consumidor deve tomar alguns cuidados quando manipular o produto. Já o suco de uva também *kosher* da Casa de Madeira é cozido (*mevushal*) para facilitar a manipulação, considerando que é um produto mais cotidiano. Quem sabe, mais adiante, consigamos desenvolver uma linha de vinhos que também sejam cozidos, mantendo o alto padrão da vinícola", destaca o rabino Dayan.

Fontes: disponível em: <http://www.webjudaica.com.br/religiao/textosDetalhe.jsp?textoID=2&temaID=2> e <http://www2.isend.com.br/iSend/links/newsReadMoreLink?&news=11167&client=155&newsLetter=5507&b_key=iSend> Acesso em: 19 out. 2012.

resumo

Neste capítulo, vimos as posturas de marketing que passaram por uma evolução ao longo do tempo. São elas o marketing de massa, o marketing de diversificação de produto e o marketing de mercado-alvo. A postura mais aceita e praticada hoje em dia é o marketing de mercado-alvo; para desenvolvê-lo corretamente, são necessárias três etapas: segmentação de mercado, seleção dos segmentos-alvo e posicionamento.

Segmentação é a classificação dos consumidores segundo características comuns, que devem refletir-se em preferências, desejos e hábitos de compra similares dentro do segmento e, ao mesmo tempo, significativamente diferentes entre segmentos diversos. As variáveis para segmentação de mercados de bens de consumo são classificadas em geográficas, demográficas, psicográficas e comportamentais. As variáveis para segmentação de mercados de bens empresariais são substantivamente diferentes: por atividade industrial, por aplicação do produto, por localização, por configuração do processo de compra, por importância do cliente e por utilização do produto em mercados de componentes originais ou de reposição.

A seleção de segmentos-alvo se dá em função do tamanho e das potencialidades de crescimento e lucratividade de cada segmento, combinados com a própria capacidade da empresa em atender um ou vários ao mesmo tempo. A abordagem de marketing indiferenciado é igual à do marketing de massa, ou seja, oferece-se um composto mercadológico a todo o mercado. O marketing diferenciado ou segmentado busca a especialização da empresa em um ou alguns segmentos de mercado. O marketing concentrado ou de nicho busca a maior especialização possível da empresa em uma parcela específica de um segmento do mercado. Há empresas que, devido às possibilidades do produto e da tecnologia, podem oferecer compostos mercadológicos elaborados um a um, conforme cada cliente.

O posicionamento de um produto, ou marca, é baseado na comunicação, que procura gerar no público-alvo uma atitude positiva. Para tanto, é fundamental a simplicidade da mensagem publicitária, bem como a coerência entre a imagem da empresa, sua estratégia de segmentação e a posição que ela deseja obter. Quando esses princípios não são respeitados, ocorrem falhas de posicionamento.

questões para revisão e discussão

1. Descreva as diferentes posturas de marketing com relação à cobertura do mercado.
2. Discuta as vantagens da abordagem de marketing segmentado em relação ao marketing de massa.
3. Aponte os requisitos para um processo de segmentação de mercado eficaz.
4. Considere a seguinte afirmação: "Os segmentos de consumidores podem ser definidos por meio do uso, individual ou coletivo, de variáveis geográficas, demográficas, psicográficas e comportamentais". Explique como a segmentação pode utilizar-se coletivamente das variáveis citadas. Dê exemplos de produtos que utilizam a segmentação baseada na combinação de variáveis.
5. Dê exemplos de produtos cuja segmentação é baseada em variáveis geográficas.
6. Compare conceitualmente as segmentações de mercado baseadas em variáveis psicográficas e em variáveis comportamentais, ressaltando suas principais diferenças e especificidades.
7. Cite e explique as possíveis formas de segmentação do mercado empresarial.
8. Explique em que consiste o posicionamento de produtos, marcas e empresas.
9. Esboce um mapa de posicionamento de um mercado qualquer, definindo os eixos horizontal e vertical. Justifique as posições apontadas.
10. Comente as principais fontes de falhas no posicionamento.

referências

COBRA, Marcos. *Administração de marketing*. São Paulo: Atlas, 1990.

ENGEL, J. F.; BLACKWELL, R. D.; MINIARD, P. W. *Consumer behavior.* 7. ed. New York: The Dryden Press, 1993.

HISTORY OF BOTTLING. Atlanta: The Coca-Cola Company, [200-]. Disponível em: <www.thecoca-colacompany.com/ourcompany/historybottling.html>. Acesso em: 16 out. 2012.

HOWE, Neil; STRAUSS, William. *Generations*: the history of America's future, 1584 to 2069. New York: William Morrow Harper Collins, 1992.

INSTITUTO BRASILEIRO DE GEOGRAFIA E ESTATÍSTICA (IBGE). *Censo demográfico 2000.* Rio de Janeiro, 2002.

KOTLER, Philip; ARMSTRONG, Gary. *Introdução ao marketing.* Rio de Janeiro: LTC, 2000.

KOTLER, Philip; ARMSTRONG, Gary. *Principles of marketing.* 6. ed. Englewood Cliffs: Prentice Hall, 1994.

RIES, Al; TROUT, Jack. *Posicionamento*: como a mídia faz sua cabeça. São Paulo: Pioneira, 1989.

TELLES, Renato. *B2B:* marketing empresarial. São Paulo: Saraiva, 2003.

CAPÍTULO 5

Composto de marketing

Objetivos
do capítulo

O entendimento deste capítulo deve possibilitar ao leitor:

1. discutir o composto de marketing e sua relação com o valor para o cliente;
2. descrever a relação entre mercado-alvo, composto e estratégia de marketing;
3. demonstrar a relação entre estratégia de marketing e objetivos de negócio;
4. identificar os quatro componentes do composto de marketing;
5. definir produto e os aspectos de sua gestão no composto de marketing;
6. definir preço e os aspectos de sua gestão no composto de marketing;
7. definir distribuição e os aspectos de sua gestão no composto de marketing;
8. definir promoção e os aspectos de sua gestão no composto de marketing;
9. relacionar os elementos do composto de marketing à proposta de valor;
10. explicar as razões e os desafios da gestão do composto de marketing.

5.1 o composto de marketing

Figura 5.1 Anúncio de tablet

"iPad 4G 64GB Tela 9,7 Retina Multi-Touch - Wi-Fi Bluetooth 4.0 Câmera 5MP Grava em HD" –
De: R$ 2.599,00
Por: R$ 2.299,00
ou 12x de R$ 191,58 sem juros no cartão de crédito

Fonte: disponível em: <http://www.magazineluiza.com.br/ipad-4g-64gb-tela-9-7-retina-multi-touch-wi-fi-bluetooth-4.0-camera-5mp-grava-em-hd/p/1354931/tb/appl/>. Acesso em: 18 out. 2012.

A imagem da Figura 5.1 mostra um ícone das comunicações do mundo moderno, um tablet.

Tal aparelho, da marca Apple, possui grande apelo de vendas por si só, mas reflete uma conjugação de decisões de negócio e uma estratégia de marketing coerente. Examinando com mais detalhes, devemos observar que:

- **Produto** — o produto anunciado é *top de linha*, combinando possibilidades de comunicação de voz, textos, acesso a e-mails, câmara digital de alta resolução, gravação de vídeos e *Global Positioning System* (GPS) integrado. Com tantos atributos, pode-se afirmar que o produto deve satisfazer necessidades diversas de seu público-alvo.

- **Preço** — o produto foi anunciado na página do Magazine Luiza na internet,[1] indicando seu preço à vista e em diversas opções de parcelamento, bem como os cartões de crédito aceitos.
- **Praça** — como o produto estava anunciado na internet, em página de loja brasileira, supõe-se que potenciais interessados poderiam localizar-se no Brasil, porém a internet permite acesso em qualquer parte do mundo. É certo que a rede de lojas físicas do Magazine Luiza dispõe de aparelhos iguais ou similares, e elas localizam-se predominantemente nos estados do Sudeste e Sul do país.
- **Promoção** — o anúncio foi inserido na página da internet do Magazine Luíza, site de comércio eletrônico de visualização agradável e leve. As informações procuradas por potenciais compradores estavam disponíveis, e a foto do aparelho mostrava detalhes e ângulos adequados. Os apelos utilizados na comunicação foram racionais, com referências a desempenho, design e tecnologia.

A conjugação desses quatro aspectos, ou variáveis de marketing, resulta no marketing mix. A solução de integração desses elementos é um dos componentes que definem a estratégia de marketing; de sua correta e adequada combinação depende o sucesso de tal estratégia. Relembrando conceitos, administração de marketing é o "conjunto de ações que os administradores de marketing devem desenvolver sob o conceito de marketing; preocupa-se com as ações que podem e devem ser executadas no produto, no preço, na distribuição e comunicação, visando satisfazer clientes e consumidores e, ao mesmo tempo, propiciar lucro para as organizações ou pessoas que elaboram a oferta". Assim, os 4 Ps circunscrevem as ações sobre variáveis controladas pelo marketing da organização — e que devem ser "entregues" ao mercado. Variáveis externas à essas, tais como características do consumidor, atuação da concorrência, mudanças sociais e tecnológicas, não fazem parte do modelo e sim do ambiente de marketing externo à empresa, sendo avaliados e analisados por meio da função pesquisa de mercado.

O marketing mix, ou 4 Ps (os 4 Ps de McCarthy[2] referem-se a produto, preço, promoção e praça ou ponto de venda), são o resultado de decisões estratégicas quanto às quatro dimensões básicas da oferta: a configuração do produto, o apreçamento, os esforços promocionais e a distribuição. Assim, o composto de marketing incorpora a visão de negócio, seus objetivos, decisões sobre mercado e, acima de tudo, expressa operacionalmente a estratégia do produto, vale dizer, as orientações e decisões adotadas para a oferta.

---

[1] Disponível em: <http://www.magazineluiza.com.br/ipad-4g-64gb-tela-9-7-retina-multi-touch-wi-fi-bluetooth-4.0-camera-5mp-grava-em-hd/p/1354931/tb/appl/>. Acesso em: 19 out. 2012.

[2] McCARTHY, E. Jerome. *Basic marketing*: a managerial approach. 12. ed. Homewood: Irwin, 1996.

Pode-se dizer que a formulação e a implementação de estratégias de gerenciamento do marketing mix constituem o centro das tarefas executadas cotidianamente pelos profissionais de marketing, sejam eles denominados gerentes de marketing, gerentes de produto ou gerentes de marca. Um marketing mix adequado ao seu público-alvo é garantia de sucesso da marca; o contrário, a inadequação do composto de marketing, conduz ao fracasso da marca, podendo mesmo comprometer os resultados da empresa como um todo.

Figura 5.2 Composto de marketing

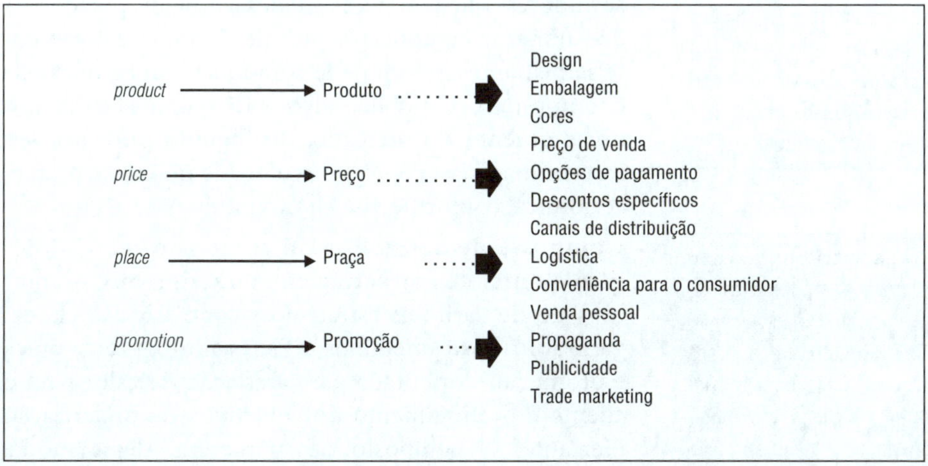

Fonte: KOTLER, Philip. Administração de marketing: a edição do milênio. São Paulo: Prentice Hall Brasil, 2000.

5.2 composto e estratégia de marketing

A estratégia de marketing para um produto é determinada pelos objetivos do negócio e está sempre a eles relacionada. O marketing está ligado à troca, envolvendo, portanto, ao menos duas partes, que consideram interessante essa troca. Admitindo que uma organização, ao decidir oferecer um produto a determinado mercado, visa à remuneração do capital investido, conclui-se que uma abordagem de marketing implica viabilizar a troca com ganho para o ofertante (vendedor) e satisfação de uma necessidade para o demandante (comprador). Os lados ou partes envolvidos têm necessidades a satisfazer e objetivos a cumprir, considerando a troca um meio para tanto.

A estratégia de marketing, adotada pelo agente ofertante, cumpre o papel de orientar ações e decisões que favoreçam e estimulem o processo de troca ou, em outras palavras, que focalizem os compradores ou clientes, suas necessidades e seus objetivos, bem como a oferta (ou proposta de valor), representada pelo composto de marketing.

Desse modo, a formulação da estratégia de marketing é produto da compreensão em profundidade das características sociais, hábitos de consumo, necessidades e anseios do público-alvo e da perfeita adequação do composto de marketing a essas necessidades e anseios.

> **Público-alvo:** parcela do mercado que tem necessidades e desejos, percepções de valor e/ou comportamentos de compra relativamente semelhantes, selecionadaos como foco para a oferta de dado produto.

> **Composto de marketing:** combinação de variáveis estratégicas controláveis pela organização, basicamente os 4 Ps (produto, preço, praça e promoção), orientada para a criação de valor para o cliente e o atingimento dos objetivos da organização ofertante.

- **Público-alvo** — parcela do mercado (clientes ou consumidores) que tem necessidades e desejos, percepções de valor e/ou comportamentos de compra relativamente semelhantes, selecionada como foco para a oferta de dado produto. O público-alvo pode ser constituído por um segmento do mercado, distinguido por variáveis discriminatórias, como gênero, idade ou classe socioeconômica, conforme visto no Capítulo 4.
- **Composto de marketing ou composto mercadológico ou mix de marketing ou marketing mix** — combinação de variáveis estratégicas controláveis pela organização, basicamente os 4 Ps (produto, preço, praça e promoção), orientada para a criação de valor para o cliente e o atingimento dos objetivos da organização ofertante. O composto de marketing, desse modo, guarda uma relação de compatibilidade e conexão com o mercado-alvo.

Figura 5.3 Estratégia de marketing = composto de marketing + público-alvo

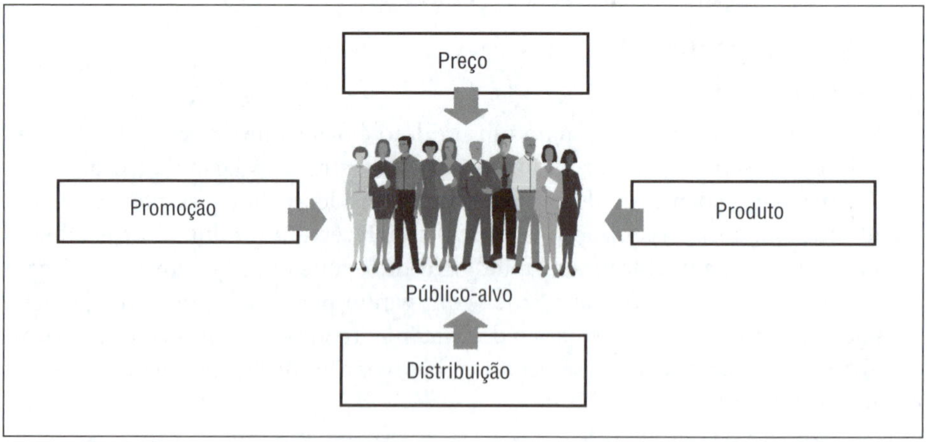

Fonte: elaborada pelos autores.

Público-alvo e composto de marketing, quando analisados como base para a orientação estratégica de marketing de uma organização, são dimensões que interagem e resultam de uma decisão conjugada de proposta de valor e ação. Mudanças no perfil ou comportamento do público-alvo determinarão análises e, eventualmente, alterações no composto de marketing. O envelhecimento de um grupo de, digamos, consumidores de café determinaria a necessidade de mudanças na promoção e na linha de produtos, entre outros aspectos, transformando o composto de marketing original. Essas mudanças podem transformar a percepção e o comportamento do mercado-alvo ou, ainda, determinar a troca de público-alvo. Alterações no conteúdo de uma revista (produto), por exemplo, podem produzir desinteresse relativo do público-alvo anterior e o interesse e opção de compra de um novo segmento de consumidores. Não existe estratégia de marketing eficaz sem conhecimento profundo e atualizado do público-alvo.

5.3 importância do composto de marketing

Como vimos, o composto de marketing e o público-alvo são elementos básicos da estratégia de marketing, uma vez que estão entrelaçados. Quando a estratégia de marketing é formalizada com base na análise de ambiente, mercado, organização e objetivos, e definida em termos de ações, investimentos necessários e responsáveis, tem-se como resultado um *plano de marketing*. Por sua vez, a implementação e o controle no tempo do plano de marketing, aliados à coleta, ao processamento e à compreensão de informações de mercado, resultados organizacionais e reorientação do planejamento de marketing, compõem a *gestão de marketing*.

Figura 5.4 Composto de marketing X ambiente

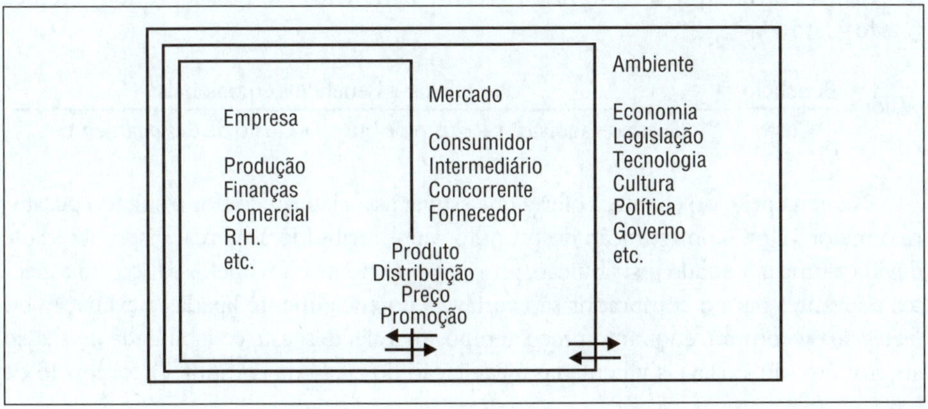

Fonte elaborada pelos autores.

Desse modo, os fundamentos da gestão de marketing estão diretamente vinculados ao composto de marketing e à sua percepção de valor pelo mercado-alvo.

O composto de marketing, nesse sentido, é responsável pela eficácia da administração de marketing e, portanto, deve ser a resultante de uma conjugação coerente e consistente dos 4 Ps. Diferentes produtos em mercados distintos deverão ser combinados com compostos promocionais, preços e estratégias de distribuição compatíveis entre si. Por exemplo: artigos de luxo (como joias, perfumes caros e roupas de grife), orientados para um mercado-alvo de poder aquisitivo elevado, devem ser promovidos com propagandas bem-acabadas em meios de comunicação e espaços adequados a essa população. A marca deve estar associada à sofisticação ou ao *status*, não informando — via de regra — valores e preços, bem como não exigindo distribuição intensiva. Já produtos de conveniência, de compra geral (café, sabonete e manteiga, por exemplo), orientados para o público em geral (potencialmente adotando estratégias de marketing de massa), envolvem distribuição intensiva, foco na competitividade em função de preço e composto promocional focalizado em comunicação eficiente em termos de penetração e cobertura.

5.4 composto de marketing e valor para o cliente

O composto de marketing deve ser compreendido como a proposta de valor para o cliente. Valor, como conceitualmente discutido no Capítulo 1, pode ser sintetizado na relação entre o benefício e o custo da troca.

"O produto ou oferta alcançará êxito se proporcionar valor e satisfação ao comprador-alvo".[3] O comprador encontra diferentes ofertas para suprir sua necessidade e opta por aquela que mais valoriza. O valor, nesse caso, está no resultado da relação entre o que o comprador recebe (benefício) e o que o produto oferece (custo), isto é:

$$\text{Valor} = \frac{\text{Benefício}}{\text{Custo}} = \frac{\text{Benefícios} + \text{Benefícios emocionais}}{\text{Custo de aquisição} + \text{Custo de busca} + \text{Custo de deslocamento} + \ldots}$$

Na percepção do cliente, a oferta que estiver associada ao maior resultado possuirá o maior valor. Configuração do produto, valor atribuído à marca, disponibilidade devida a uma adequada distribuição, promoção eficiente com apelos e foco em aspectos relevantes para o comprador são variáveis potencialmente ligadas à avaliação do *benefício* da compra, enquanto preço, tempo, energia, desgaste e viabilidade de acesso ao produto são variáveis vinculadas à avaliação do *custo* da compra. O composto de

[3] KOTLER, P. *Administração de marketing*: a edição do novo milênio. São Paulo: Prentice Hall, 2000.

marketing — ou, simplificadamente, a conjugação dos 4 Ps — condiciona o valor do "produto" na análise do comprador-alvo. Desse modo, as decisões e ações envolvendo cada uma das dimensões do composto de marketing devem ser consideradas da ótica do mercado-alvo e orientadas para esse grupo de consumidores. Em outras palavras, a combinação dos 4 Ps deve buscar assegurar a maior relação entre o benefício oferecido e o custo associado na percepção do consumidor-alvo.

Figura 5.5 Composto de marketing e valor para o cliente

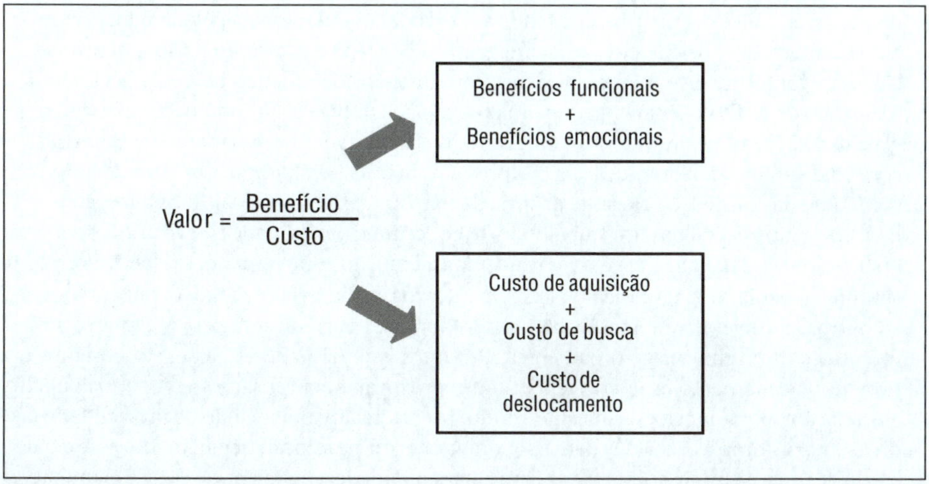

Fonte: elaborada pelos autores.

5.5 desenvolvimento do composto de marketing

A estrutura de um composto de marketing é constituída por decisões estratégicas de negócio relacionadas ao público-alvo. Na combinação de produto, preço, promoção e distribuição, o desafio está em compor essas variáveis, obtendo a maior extensão possível de atendimento das necessidades ou menor custo total envolvido para os consumidores, ou seja, a melhor relação custo-benefício para o comprador.

Para o adequado desenvolvimento do composto de marketing, é necessária uma compreensão efetiva e consistente do público-alvo, ou seja, dados e informações sobre atitudes e percepções, considerando a proposta de valor, a marca, a organização etc., preferências ou interesse por determinadas características do produto, posição dos consumidores em relação à concorrência, às questões ligadas a preço e pagamento, frequência de uso e compra, assim como importância atribuída ao produto. O conjunto desses dados e informações, aliado a seus corretos e adequados processamento e análise, constitui a base objetiva para as decisões sobre o composto de marketing, com vistas à entrega de valor e satisfação superiores aos compostos de marketing da concorrência.

Estudando um caso

Automóveis de luxo

Produtos de consumo a preços elevados têm de oferecer benefícios que justifiquem seu preço; no entanto, sua distribuição tende a ser relativamente restrita pelo tamanho reduzido do mercado e pelo apelo a uma imagem/percepção de acesso limitado — a promoção deve conferir e estimular associações com imagens de sofisticação, reconhecimento e sucesso. Peter Drucker afirma que um cliente não compra um produto, compra a imagem que ele tem do produto. "Os BMW têm uma imagem acentuadamente esportiva, conectada ao desempenho de seus motores e reforçada pelo design. Os Mercedes-Benz são ícones da sobriedade elegante própria da marca. E os Audi, nos últimos anos, consolidaram sua posição com um trabalho forte em estilo e performance. Fechando esse pequeno círculo, a italiana Alfa Romeo encampa a emoção como enredo, e a sueca Volvo é sinônimo secular de segurança."[4] No segmento dos automóveis de luxo, como em todos os outros, a correta combinação de produto, preço, distribuição e promoção assegura um conceito e uma imagem coerentes. Produtos que não apresentassem o desempenho ou o acabamento esperado tenderiam a provocar uma sensação de inconsistência em relação ao composto; do mesmo modo, preços relativamente baixos ou facilitados, distribuição comparável à das demais montadoras ou promoção que não utilizasse conteúdo, formato e mídia compatíveis com a personalidade, a imagem e o posicionamento da categoria favoreceriam uma percepção de menor valor. Mesmo com toda a sua experiência, a Mercedes-Benz cometeu, em seu passado recente, um equívoco em relação a esse conceito: algumas de suas concessionárias utilizaram *busdoors* e *outdoors* (!) como mídia para o modelo Classe A, com uma comunicação de baixa qualidade artística e visual. É por isso que nunca é demais lembrar: quaisquer decisões que afetem de alguma maneira uma das variáveis do composto de marketing demandam análise e avaliação do impacto na operação do negócio e na percepção do mercado.

Fonte: elaborado pelos autores.[4]

5.6 conceito e decisões de produto

Neste tópico, são discutidos os conceitos e decisões de produto, considerando o conceito de produto, seu ciclo de vida, desenvolvimento, bem como categoria e gestão.

[4] GRANDE, Paulo Campo. Poderio europeu. *Quatro Rodas*, São Paulo, p. 61, abr. 2002.

5.6.1 Conceito de produto

Produto é qualquer bem ou serviço que potencialmente possui valor de troca, ou seja, é colocado no mercado e possui demanda. Nesse sentido, é objeto de criação, produção, obtenção ou gestão do agente ofertante e atende ou satisfaz necessidades do demandante. Desse modo, produto pode ser entendido mais propriamente como um conjunto de atributos e resultados de consumo que satisfazem necessidade(s), ou seja, estão ligados a benefícios.

> **Produto:** qualquer bem ou serviço que potencialmente possui valor de troca, ou seja, é colocado no mercado a um determinado preço e possui demanda; um conjunto de atributos e resultados de consumo que satisfazem necessidades.

A dimensão do produto localiza-se, dessa forma, na base da estratégia de marketing, constituindo o elemento central da valorização da oferta pelo comprador-alvo. Na avaliação dos benefícios, o fator de maior peso é, evidentemente, o produto, que não deve ser entendido como limitado à sua funcionalidade, mas, sim, no conjunto de benefícios práticos e emocionais que proporciona. O comprador de uma Ferrari não adquiriu somente um meio de transporte que independe de tração animal; na realidade, o produto estava associado a um conjunto de benefícios mais extensivo, entre eles, reconhecimento social, conforto, segurança e prestígio. Dessa consideração decorre o fato de que a configuração do produto em si não possui a importância que pareceria ter, em primeira análise. O valor efetivamente percebido e atribuído pelo consumidor a dado produto reflete os benefícios e as vantagens que ele enxerga nesse produto ou aos quais acredita poder ter acesso por meio dele, tornando sua condição superior em relação à situação anterior (sem a compra). Em outras palavras, o consumidor — em última análise — não compra o produto, mas, sim, a satisfação de necessidade, o benefício, as vantagens derivadas da compra. Quando se adquire um sabonete, está-se comprando limpeza, higiene e perfume; quando alguém compra *filé-mignon*, está trocando seu dinheiro por alimentação nutritiva e de sabor agradável; quando uma organização investe em uma prensa, está comprando características mecânicas e capacidade de deformação de metais.

Do conceito de produto apresentado, deduz-se que organizações orientadas para desenvolver compostos de marketing, mais particularmente o produto, baseados e sintonizados com as necessidades identificadas do público-alvo potencializam sua oferta, indo ao encontro das expectativas desse mercado; no caso contrário, organizações que acreditam conhecer seu comprador-alvo, independentemente de pesquisa de mercado, e que desenvolvem produtos aperfeiçoando características que entendem agregar benefício e aumentar o valor do produto, em geral cometem erros em relação às expectativas do público-alvo.

5.6.2 Ciclo de vida do produto

A compreensão e a análise da evolução dos resultados (nível de vendas, lucratividade etc.) de um produto podem ser desenvolvidas com base no modelo de **ciclo de vida do produto (CVP)**, apresentado no Gráfico 5.1. Esse modelo, aceito como referência em marketing, pressupõe que todo produto possui um período finito de existência no mercado, período que pode ser dividido em quatro fases distintas: **introdução** (etapa compreendida entre o momento do lançamento e o aumento progressivo do nível de vendas); **crescimento** (etapa definida entre o momento em que se dá o aumento progressivo de vendas e a situação de estabilização em dado nível de vendas); **maturidade** (etapa de manutenção do nível de vendas, em geral elevado, sendo, na maioria das vezes, a fase de maior duração); e **declínio** (etapa considerada entre o momento em que passa a ocorrer redução de vendas até a descontinuação do produto). O declínio pode, em determinadas situações, ser contido pela descoberta de novos usos para um determinado produto: bicicletas, no passado, eram um meio de transporte utilizado por trabalhadores de poucos recursos; depois, passaram a ser utilizadas para o lazer, e, mais recentemente, para a prática de esportes ao ar livre — uma nova tendência de longo prazo é a volta da utilização da bicicleta para transporte individual urbano, em função do aumento geral da consciência ecológica e de respeito ao meio ambiente.

Gráfico 5.1 Ciclo de vida do produto — vendas e lucro

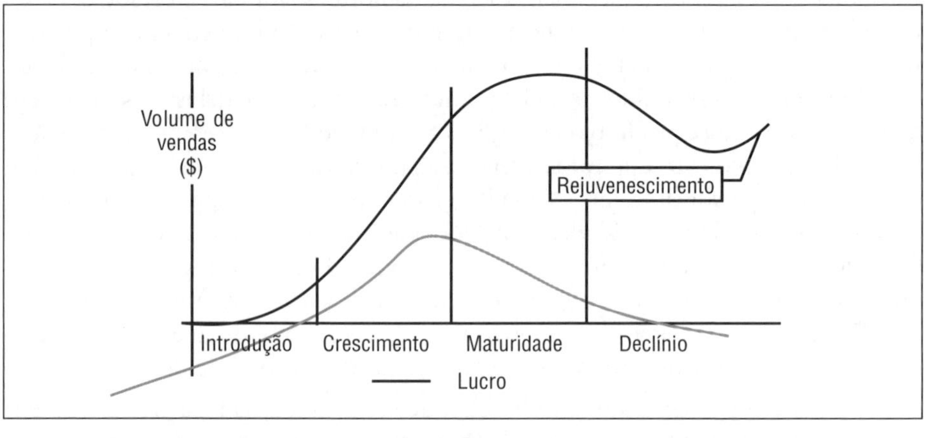

Fonte: elaborado pelos autores com base nas obras de CHURCHILL, Gilbert A.; PETER, J. Paul. Marketing: criando valor para os clientes. São Paulo: Saraiva, 2010, e KOTLER, Philip. *Administração de marketing*: a edição do milênio. São Paulo: Prentice Hall Brasil, 2000.

As principais contribuições do modelo do CVP à compreensão do produto no composto de marketing são identificar e apresentar consistentemente a necessidade de gestão do desempenho do produto (durante sua "vida útil"), com base no entendimento do mercado e do desenvolvimento contínuo de novos produtos, devido à demanda por substituição dos antigos produtos por outros mais novos. Em ambos os processos, a competitividade e a natureza da concorrência são fundamentais na gestão e no desenvolvimento de produtos. Por fim, a grande contribuição do modelo é deixar claro que nenhum produto, à maneira dos seres vivos, pode ser considerado "eterno" ou "imortal": empresas que pensam assim geralmente são as primeiras a serem conduzidas ao fracasso nos negócios.

5.6.3 Desenvolvimento de produto

Admitindo o conceito de que produtos têm vida e, portanto, com o tempo perdem "funcionalidade" e deixam de existir, a oferta de novos produtos, com maior valor para o comprador-alvo, ocupa espaço importante na gestão de marketing. Relacionado à estratégia de marketing, o desenvolvimento de novos produtos depende, por um lado, da percepção do consumidor e, por outro, da compreensão da organização. Entretanto, algumas alternativas estratégicas que orientam o desenvolvimento de novos produtos poderiam ser levantadas (a ordenação segue do menor para o maior nível de alteração ou mudança do produto):

- **redução de custo** — alteração de produto, que, com desempenho semelhante, passa a ser produzido a menor custo e ofertado a preços inferiores ao anterior;
- **reposicionamento** — modificação de produto existente (alguns atributos, por exemplo) orientada para a atuação em novos mercados e/ou novos segmentos de mercado;
- **aperfeiçoamento de produto existente** — melhoria no desempenho ou aumento do valor percebido, por modificação de atributos valorizados pelo mercado-alvo;
- **extensão de linha** — complementação de linha de produto com a introdução de novos itens ou modelos, conferindo maior variedade e número de soluções ao comprador-alvo;
- **extensão de marca** — introdução da marca em novos mercados, com produtos substancialmente diferentes, mas relacionados quanto a competência, credibilidade e marca;
- **inovação** — transformação radical do produto, que, em geral, confere mudanças essenciais à sua configuração, podendo mesmo dar origem a uma nova categoria de produto.

5.6.4 Categoria e gestão de produto

O conceito de **categoria de produto** está associado a um conjunto de produtos que atendem a necessidades similares, possuem mercados sobrepostos e configuração semelhante ou comparável (por exemplo, bebidas alcoólicas, como citado por Kotler).[5] O gerenciamento ou monitoração da categoria é uma atividade particularmente importante, pois, assim como na dimensão do produto, aspectos como movimentos da concorrência e comportamento do mercado-alvo podem implicar e, em geral, determinar ações e decisões por parte dos agentes ofertantes dos produtos dessa categoria. Por exemplo, sabonetes são uma categoria de produto, *Lux* e *Rexona* são

> **Categoria de produto:** conjunto de produtos que atendem a necessidades similares, possuem mercados sobrepostos e configuração semelhante ou comparável.

[5] KOTLER, 2000, p. 396.

marcas dentro dessa categoria de produto. Cigarros são uma categoria de produto, *Marlboro* é uma das marcas atuantes nessa categoria.

No varejo, um dos mais importantes conceitos existentes é o da **gestão por categoria**. Gestão por categoria pode ser definida como o agrupamento de marcas e produtos similares dentro de uma mesma categoria, gerenciando-a de forma autônoma com relação às demais. Dessa forma, gera-se maior valor ao cliente e obtêm-se melhores resultados de venda e lucro. Entre as categorias clássicas de um supermercado, encontram-se produtos de higiene, produtos de limpeza, mercearia "seca" — alimentos empacotados —, mercearia "molhada", a qual inclui produtos que necessitam de refrigeração, entre outros. Subcategorias podem ser criadas, por exemplo, "alimentos matinais", englobando cereais matinais, modificadores do leite (achocolatados e similares) e geleias. Tal conceito não será aprofundado neste capítulo, por escapar aos objetivos do livro.

> **Gestão de produto:** envolve o acompanhamento da relação organização-produto-mercado, bem como as ações e decisões ligadas a essa relação, compreendendo o planejamento, a coordenação, a direção e o controle do desempenho do produto, do ponto de vista mercadológico e financeiro.

A **gestão de produto**, desse modo, envolve o acompanhamento da relação organização-produto-mercado, bem como as ações e decisões ligadas a essa relação. Simplificadamente, pode ser compreendida como o planejamento, a coordenação, a direção e o controle do desempenho do produto, do ponto de vista mercadológico e financeiro. Portanto, a gerência de produto, em última análise, constitui a gerência da oferta e de todos os elementos e aspectos ligados ao resultado desta, sobretudo a administração do composto de marketing (4 Ps), o comportamento do mercado, as ações da concorrência e as variáveis macroambientais (economia, cultura, política etc.).

5.7 conceito e decisões de preço

Neste tópico, são discutidos os conceitos e decisões de preço, considerando o conceito de preço, elasticidade preço-demanda, relação preço-custo-demanda e apreçamento.

5.7.1 Conceito de preço

Preço é a quantidade de dinheiro que um produtor cobra por seu produto, seja este um bem ou um serviço. Observe-se que, especialmente para serviços, existem diferentes nomes para o mesmo conceito: tarifa de táxi; aluguel de uma moradia; mensalidade de uma academia de ginástica; prêmio do seguro; honorários do advogado; juros de um empréstimo; todos são exemplos de preços.

Quando o preço estabelecido pelo produtor se adequar ao esperado pelo consumidor, então pode ocorrer a transação, a compra do bem ou serviço pelo consumidor.

Preço: componente fundamental na avaliação do custo envolvido na troca pelo comprador-alvo; ao mesmo tempo, a variável que determina o resultado para a organização.

Normalmente, diz-se que o preço baixo é tudo o que é necessário para concretizar uma venda, o que pode não ser verdade, à luz do conceito estudado de composto mercadológico. O **preço** é, por um lado, o componente fundamental na avaliação que o comprador-alvo faz do custo envolvido na troca e, por outro, a variável que determina o resultado para a organização. Desse modo, ocupa lugar de importância crucial na relação de troca, pois é fator decisivo na percepção de valor do cliente e no cumprimento dos objetivos organizacionais. No entanto, outros fatores também são considerados na equação de valor. Por exemplo, um consumidor interessado em uma mercadoria eletrônica, como um *laptop*, pode descobrir que há diversas possibilidades de compra no chamado *grey market*, a preços baixos. Contudo, tais produtos não oferecem a garantia de funcionamento e serviços de reparos que as grandes marcas estabelecidas oferecem. Então, o consumidor pode optar por adquirir um produto "mais caro", mas que traz embutida outra propriedade: deixa o consumidor mais tranquilo e seguro da compra. O preço é um dos muitos custos nos quais incorre um consumidor quando adquire um produto. Em todo caso, a relevância do preço no desempenho mercadológico e financeiro de um produto merece atenção focalizada dos gestores.

Decisões quanto à variável preço consideram, inevitavelmente, o equilíbrio simultâneo entre as necessidades, os benefícios e a percepção dos consumidores, inclusive as alternativas de mercado de que estes dispõem, e a necessidade de a organização cobrir custos e despesas e remunerar adequadamente o capital investido. O preço é a variável mais flexível do composto de marketing, podendo ser alterada rápida e economicamente (sem demandar recursos adicionais, como mudanças no produto, promoção ou distribuição). Todavia, modificações no preço podem significar impactos consideráveis para o negócio, influenciam diretamente a percepção do comprador quanto à qualidade, imagem e custo, entre outros aspectos. O preço deve ser analisado em conjunto com a demanda (nível de vendas), pois a receita da organização depende de ambos os fatores — preço e vendas.

$$\text{Receita} = \text{Preço} \times \text{Quantidade ou } R = p \times q$$

Ocorre que o movimento dessas variáveis é oposto, ou seja, aumentos de preço implicam redução na quantidade vendida e vice-versa. Os ajustes no preço, desse modo, devem considerar o efeito nas vendas, o que significa, por exemplo, que um aumento no preço em 10% pode representar uma redução nas vendas de 2% ou 20%. No primeiro caso, o aumento de preço determinaria crescimento da receita (em 8%); na segunda situação, a elevação do preço implicaria redução da receita (em 12%).

5.7.2 Elasticidade preço-demanda

O conceito de **elasticidade preço-demanda** (ou **elasticidade-preço**) oferece informação sobre o relacionamento entre essas duas variáveis de comportamento antagônico, colaborando na análise e decisão de mudança de preço. A elasticidade é a "medida da sensibilidade da demanda a mudanças de preço"[6] e expressa matematicamente a variação percentual da quantidade de vendas em relação à variação percentual praticada no preço, ou seja:

$$\text{Elasticidade-preço} = \frac{\text{Variação em vendas (\%)}}{\text{Variação no preço (\%)}} \quad \text{ou} \quad e = \frac{DQ/Q = (Qf - Qi)/\ Qi}{DP/P\ (Pf - Pi)/\ Pi}$$

Em que:

Qf = quantidade vendida final;

Qi = quantidade vendida inicial;

Pf = preço inicial;

Pi = preço final;

$DQ = Qf - Qi$;

$DP = Pf - Pi$.

Se a elasticidade de um produto é 1 (**elasticidade unitária**), aumentos de preços são acompanhados por redução de demanda equivalente, ou seja, um ajuste de preço em 10% determina uma redução de demanda em 10%, representando um impacto reduzido na receita. Entretanto, quando a elasticidade é maior que 1 (**demanda elástica**), aumentos de preços implicam reduções mais que proporcionais na quantidade vendida, isto é, um aumento de 10% no preço tem, como contrapartida, reduções nas vendas superiores a 10% (30%, por exemplo) e, em consequência, diminuição da receita total (23% para o exemplo). Na situação de elasticidade inferior a 1 (**demanda inelástica**), aumentos de preços definem redução no nível de vendas menos que proporcional, o que significa que um aumento de preço de 10% resultará em uma redução de vendas inferior a 10%; assim, uma fixação de preço superior, embora reduza a demanda, proporcionará aumento na receita total.

Produtos como carne bovina ou serviços de turismo são caracteristicamente elásticos e, portanto, sua receita tende a aumentar com reduções de preço, pelo incremento mais que proporcional no nível de vendas. No entanto, produtos inelásticos, como cigarro e gasolina, ampliam sua receita com base em aumento de preços, devido a reduções menos que proporcionais nas vendas.

5.7.3 Relação preço-custo-demanda

Embora a relação entre preço e demanda forneça informações relevantes para a gestão do preço, por ser um componente da compreensão do mercado e de como ele valoriza o produto, ela não leva em conta as necessidades e os objetivos do ne-

[6] BENNETT, P. D. *Dictionary of marketing terms*. 2. ed. Chicago: American Marketing Association, 1995. p. 215.

gócio, na qualidade de agente ofertante. A abordagem da organização deve considerar os custos de criação da oferta, ou seja, produção, planejamento, desenvolvimento e distribuição, entre outros dispêndios incorridos na operação da empresa.

Considerando o raciocínio desenvolvido por Telles,[7] simplificadamente, o objetivo do negócio poderia ser calculado como a remuneração do capital investido (L), obtida pela diferença entre receita total (RT) e custo total (CT). Assim, a equação resultante seria:

$$L = RT - CT$$

Admitindo-se que a receita total é o produto do preço (p) pela quantidade vendida (q) e que o custo total (CT) representa o total de recursos envolvidos na operação da organização [custo fixo (CF) e custo variável ($CV = cv \times q$)], as expressões resultantes seriam:

$$RT = (p \times q) \text{ e } CT = CF + (cv \times q)$$

O **ponto de equilíbrio** de uma organização se dá quando sua receita cobre seu custo, ou seja:

$$RT = CT \Rightarrow (p \times q) = CF + (cv \times q) \Rightarrow q = CF \,/\, (p - cv) = q_{\text{equilíbrio}}$$

Desse modo, o interesse de qualquer organização é possuir o menor ponto de equilíbrio possível e procurar operar com a maior quantidade demandada viável. Lembrando que o conceito de elasticidade indica que aumentos de preço definem reduções de vendas e diminuições no preço determinam ampliação do nível de vendas, a relação pode ser escrita da seguinte forma:

$$p \uparrow \Rightarrow \downarrow q \text{ ou, matematicamente, } p = C \,/\, q \text{ (} C \text{ é uma constante)}$$

A conjugação das equações apresentadas sugere uma interessante conclusão na gestão de preço:

$$L = RT - CT = p \times q - (CF + cv \times q) = p \text{ x } q - CF - cv \times q = (p - cv) \times q - CF$$
$$\mathbf{L = (p - cv) \times q - CF}$$

A equação em destaque indica que o lucro é função do preço menos o custo variável total — também conhecido como margem de contribuição total — menos o custo fixo.

O principal desafio no gerenciamento do processo de apreçamento ou precificação está no estabelecimento de um preço que assegure o aumento ou a manutenção da lucratividade, considerando que mudanças no patamar de preço em qualquer sentido podem afetar efetivamente o resultado, por causa do comportamento do mercado e do desempenho da operação da empresa.

Aumentos de preço justificam-se quando a perda em vendas não compromete a lucratividade, porém a redução de escala e uma eventual reação do mercado

[7] TELLES, Renato. *B2B:* marketing empresarial. São Paulo: Saraiva, 2003. p. 45.

superior ao planejado podem definir o fracasso da estratégia. Já reduções de preço tendem a estimular a demanda; todavia, a ação só é defensável se a ampliação do mercado for superior à diminuição do preço.

5.7.4 Apreçamento

A fixação ou definição do preço de um produto não pode ser definida como um processo lógico, estruturado e universal de tratamento de dados e informações sobre operação (custos, despesas, expectativa de remuneração de capital etc.) e mercado (elasticidade-preço, valorização ou importância atribuída pelo consumidor ao produto etc.). O preço constitui uma variável estratégica da organização e, portanto, guarda relação direta com os objetivos dela, dependendo de decisões de gestão e embutindo riscos, associados às incertezas de negócio. Entre as abordagens utilizadas como base para a adoção ou alteração de um preço, quatro são particularmente padrões de referência para análise e suporte da decisão: análise marginal, preços baseados no custo, preços baseados na concorrência e preços baseados no valor para o comprador.

- **Análise marginal** — conforme discutido, o lucro pode ser considerado como a receita (preço multiplicado pelo número de unidades vendidas) subtraídos os custos de operação; além disso, também foi visto que o aumento de preço implica redução de vendas. Desse modo, o aumento de preço tem dois efeitos: torna maior o lucro de cada unidade vendida e estimula a diminuição da quantidade vendida. Portanto, preços *muito reduzidos* determinam lucro insuficiente, devido ao lucro modesto por unidade vendida, e preços *muito altos* reduzem o lucro, por determinar diminuição da quantidade vendida. A análise marginal fornece o preço, nesse intervalo, que leva ao lucro máximo possível.
- **Preços baseados no custo** — a análise marginal é um método consistente para determinação de preço, porém complexo e dispendioso; além disso, não raro há escassez de informações necessárias. Um processo alternativo, simples e barato é precificar com base nos custos. Partindo-se das premissas de que o preço deve ser suficiente para cobrir os custos de operação e de que o custo por unidade vendida pode ser considerado o mesmo para uma faixa expressiva da capacidade produtiva, o preço pode ser definido como um acréscimo sobre o custo padrão do produto (*markup*). O *markup* pode representar uma porcentagem do custo ou do preço de venda. Pode-se ainda somar o *markup* ao custo. Outras abordagens baseadas em custo, porém utilizando ferramental financeiro, seriam a fixação do preço com base na taxa de retorno do investimento e a análise do ponto de equilíbrio.
- **Preços baseados na concorrência** — preços baseados em custos desconsideram o efeito do preço sobre as vendas, o valor atribuído ao produto pelos compradores e os dados da concorrência. Uma opção para incorporar à análise de preço informações sobre as condições de mercado é considerar as práticas da concorrência, a qualidade de seus processos, a sua capacidade financeira, as

características de seus produtos, a configuração de sua distribuição e o acesso a ela, bem como sua competência de marketing. Um exame estruturado e sistemático dessas variáveis (incluindo preços) da concorrência proporciona uma base mais consistente para a fixação do preço, relacionada à posição dos concorrentes em cada uma das dimensões examinadas.

- **Preços baseados no valor para o cliente** — independentemente dos custos de produção e marketing, bem como dos preços praticados pelos concorrentes, a decisão de compra e, nesse sentido, a avaliação de valor do comprador determinam, em última análise, a realização ou não da troca. Em outros termos, o cliente efetiva a compra se entende como favorável a relação custo-benefício. Desse modo, a percepção do comprador-alvo é decisiva e deve ser considerada e reconhecida. Devido à complexidade e à dificuldade de obter e mensurar essa informação, uma alternativa de abordagem à percepção de valor dos clientes é identificar preços de referência, isto é, preços utilizados pelo consumidor para comparar e avaliar o preço de dado produto.

5.8 conceito e decisões de distribuição

Neste tópico, são discutidos os conceitos e decisões de distribuição, considerando o conceito de distribuição, funções da distribuição, arquitetura e gerenciamento de canal, bem como decisões quanto à distribuição.

5.8.1 Conceito de distribuição

A **distribuição** (ou canais de distribuição ou, ainda, canais de marketing) compreende o processo, a estrutura e a gestão da disponibilização dos produtos (bens, serviços etc.) para as trocas. Portanto, a administração da distribuição envolve a estrutura e o gerenciamento das atividades dos agentes presentes no canal, as operações de atacado e varejo, a distribuição física, incluindo aspectos logísticos de planejamento, transporte e armazenagem, entre outras variáveis associadas ao processo de ligação entre produção e consumo.

> **Distribuição:** compreende o processo, a estrutura e a gestão da disponibilização dos produtos (bens, serviços etc.) para as trocas.

Assim, a distribuição — que representa a maior parcela dos custos de diversos produtos — é uma dimensão fundamental na potencialização das vendas, por envolver a disponibilização para a compra, e no valor percebido pelo cliente, por ser componente do benefício (por exemplo, facilidade de acesso ou pronta entrega) e/ou do custo (por exemplo, dificuldade de localização ou espera na entrega). A distribuição pode ser focalizada nas suas duas dimensões de contexto: canais de marketing e distribuição física.

Canais de marketing: sistema de agentes (organizações ou pessoas) inter-relacionados, pelo qual se estabelece um fluxo de produtos, propriedades, informações, recursos e/ou promoções, ligando a produção ao consumo.

Distribuição física: movimentação física do produto entre produtor e ponto de venda e/ou consumidor, envolvendo a gestão logística de transporte, volumes, prazos, armazenagem e manuseio, assim como a infraestrutura de suporte para esses processos.

- **Canais de marketing** — sistema de agentes (organizações ou pessoas) inter-relacionados, pelo qual se estabelece um fluxo de produtos, propriedades, informações, recursos e/ou promoções, ligando a produção ao consumo.
- **Distribuição física** — movimentação física do produto entre produtor e ponto de venda e/ou consumidor, envolvendo a gestão logística de transporte, volumes, prazos, armazenagem e manuseio, assim como a infraestrutura de suporte para esses processos.

A variável distribuição — diferentemente do preço e sua grande flexibilidade —, em geral, não pode sofrer transformações relevantes no curto prazo, aspecto que deve ser considerado com especial atenção nas decisões estratégicas da organização. Em contrapartida, por seu significado proporcionalmente crescente no custo, ela fornece oportunidades de aumento de produtividade e eficiência, ou seja, constitui-se em uma fonte potencial de criação de vantagens competitivas sustentáveis.

5.8.2 Funções da distribuição

A distribuição, do ponto de vista operacional e estratégico, relaciona-se a diversas funções, que podem ser classificadas em três categorias: transacionais, logísticas e de facilitação. Essas atividades são desempenhadas pelos intermediários e/ou produtores.

- **Funções transacionais** — tarefas de compra e venda que, naturalmente, envolvem risco na operação. Por exemplo, varejistas (intermediários que vendem para os consumidores finais) adquirem o produto de um atacadista ou distribuidor e o revendem, o que significa investir na compra com a expectativa de uma venda que pode não ocorrer ou acontecer em prazo superior ao previsto e/ou com descontos.
- **Funções logísticas** — atividades de concentração (disponibilização de variedade de produtos para venda em dado local ou ponto de venda), armazenamento (manutenção e preservação de estoques), organização (composição de estoques em termos de produtos e quantidades) e distribuição física (movimentação física de bens da produção ao consumo).
- **Funções de facilitação** — funções de estímulo e favorecimento dos processos de compra e venda, da produção ao consumo, como financiamento de transações (para compra, estocagem ou produção), classificação de produtos (simplificando escolhas e decisões) e troca de informações de mercado (movimentos da concorrência, comportamento dos consumidores, nível esperado de vendas etc.).

A distribuição deve ser compreendida como uma dimensão do aumento de eficiência do processo de produção, venda e compra, aumentando o valor percebido pelo comprador, por causa da redução potencial do preço ao consumidor e dos custos de busca e deslocamento. Essa afirmação pode ser justificada com base no modelo simplificado de compra e venda entre três produtores e quatro consumidores apresentado na Figura 5.6. Na ausência de um intermediário, seriam esperados 12 contatos ou relações entre produtor e consumidor, determinando, *grosso modo*, 12 vezes o custo dessa relação (= esforço de vendas + deslocamento + manutenção de PDV[8] + ...); na presença de um intermediário, esse número de contatos ou relações se reduziria a sete — ou seja, a distribuição aumenta a eficiência do processo.

Figura 5.6 Modelo simplificado de compra e venda

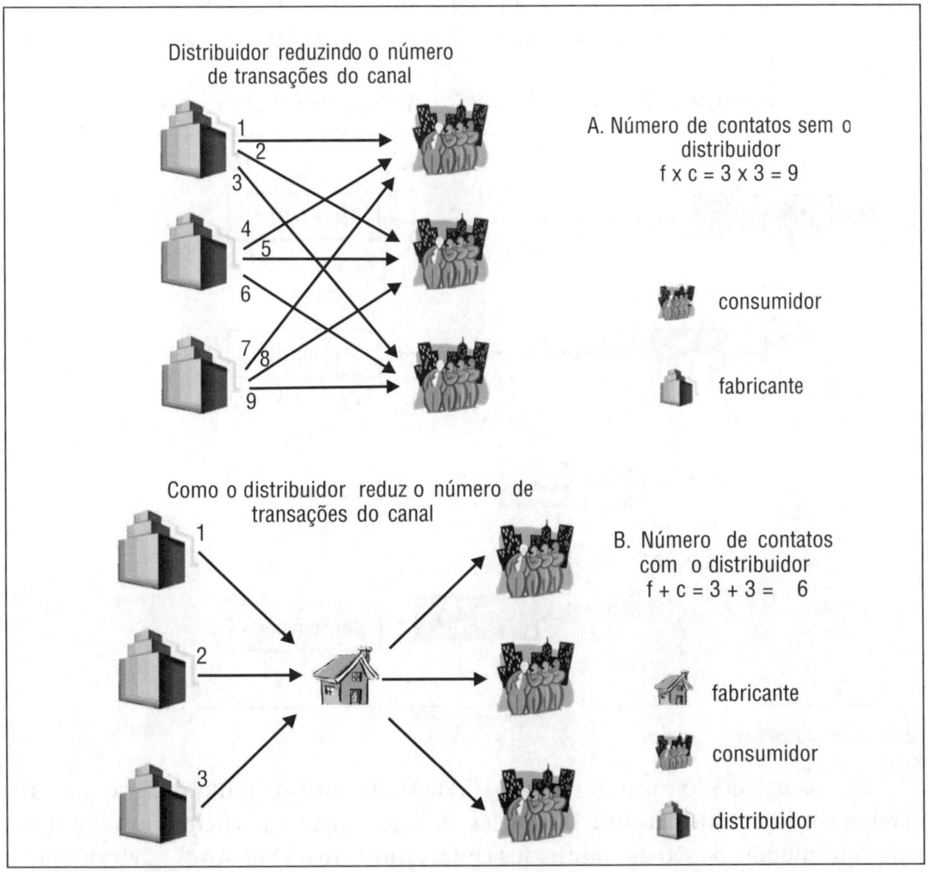

Fonte: elaborada pelos autores com base em KOTLER, Philip. *Administração de marketing*: a edição do milênio. São Paulo: Pretince Hall Brasil, 2000.

[8] PDV é uma forma usual de referência a ponto de venda (lojas, supermercados, padarias etc.).

5.8.3 Arquitetura de canal

Os canais de distribuição podem assumir distintas configurações em função de diferentes variáveis ou condições, como natureza do produto (compra frequente, de luxo, sazonal etc.), fase no ciclo de venda (introdução do produto, com nível de vendas relativamente reduzido, ou maturidade, com nível de vendas elevado, por exemplo) e decisões estratégicas da organização (como distribuição exclusiva e sob o controle do produtor). A decisão sobre o projeto de canal atende à lógica de aumento de cobertura (regiões atingidas) e capilaridade (PDVs atingidos), condicionado ao custo dessa operação e à receita prevista de vendas.

Os canais podem envolver ou não intermediários, dependendo das variáveis do negócio (bens industriais frequentemente são comercializados entre produtor e cliente; bens de consumo, em geral, demandam a participação de intermediários). A Figura 5.7 ilustra esquematicamente diferentes configurações de canal.

Figura 5.7 As principais configurações de canal

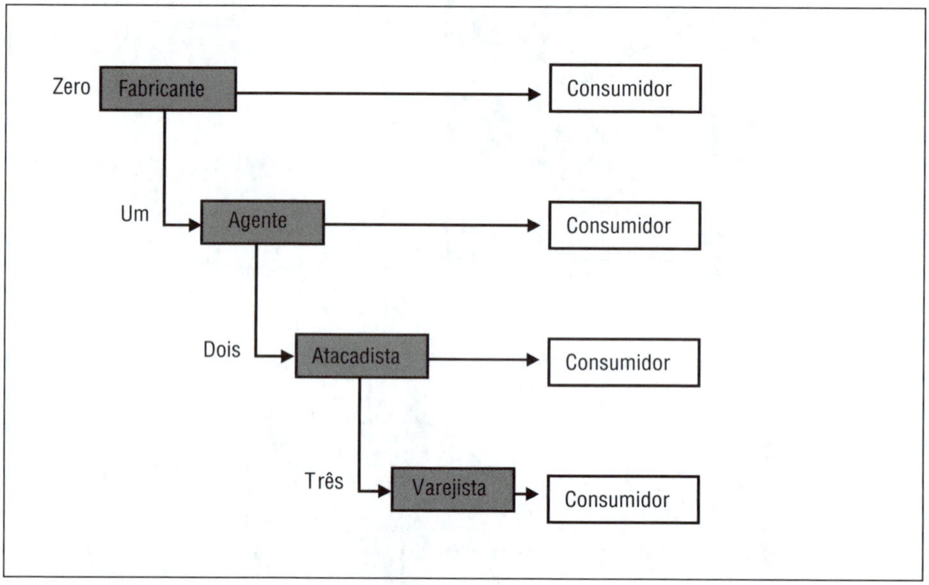

Fonte: elaborada pelos autores.

Canais em que o produtor vende diretamente ao consumidor são **canais de nível zero** ou **canais diretos**. Já aqueles em que existe a participação de um ou mais intermediários são denominados **canais indiretos**, e seu nível é determinado pelo número de intermediários presentes. Exemplos de empresas que atuam com canal direto são a brasileira Natura Cosméticos e a empresa norte-americana de computadores Dell. Para citar também empresas que atingem o consumidor final via canais indiretos, temos a Nestlé e a Unilever.

Figura 5.8 Perfumes Natura — exemplo de venda direta

Fonte: NATURA COSMÉTICOS. Disponível em: <http://scf.natura.net/perfumaria?gclid=CNiV3s23i7MCFQiqnQodQQ4AVw>. Acesso em: 17.out.2012.

5.8.4 Gerenciamento e decisões de distribuição

Pela diversidade e quantidade de funções e tarefas envolvidas na distribuição, assim como por sua importância em termos de custos e valor para o cliente, a gestão dessa dimensão do composto de marketing envolve necessariamente a manutenção da eficácia e o aumento constante de sua eficiência (em particular por sua característica de fonte de vantagem — ou desvantagem — competitiva).

A administração da distribuição pode ser entendida como a resultante das seguintes atividades: seleção de canais, desenvolvimento, motivação, gestão de conflitos, avaliação dos membros do canal e gerenciamento estratégico da operação do canal.

Por seleção de canais entende-se a escolha da arquitetura (considerando o mercado) e de intermediários capacitados, qualificados e dispostos a compor o canal, o que demanda um processo gerenciado de busca, avaliação e atração de membros para o canal. O desenvolvimento, a motivação, a gestão de conflitos e a avaliação dos membros do canal são atividades orientadas para a eficiência do canal, na qualidade de processo integrado, e compreendem treinamento, estímulo, solução e negociação de interesses e estratégias conflitantes, bem como a análise de desempenho dos intermediários. O gerenciamento estratégico da operação do canal envolve o exame e a avaliação do(s) canal(is), considerando movimentos de mercado e objetivos organizacionais.

5.9 conceito e decisões de promoção

Neste tópico, são discutidos os conceitos e decisões de promoção, considerando o conceito de promoção, composto promocional, decisões na comunicação e mix de comunicação de marketing.

5.9.1 Conceito de promoção

Promoção: esforço de comunicação para o reconhecimento e a criação de consciência de um produto por parte dos compradores-alvo, envolvendo a informação sobre sua configuração, as necessidades que ele potencialmente satisfaz e de que modo ele atende a essas necessidades.

A **promoção** pode ser entendida como o esforço de comunicação para o reconhecimento e a criação de consciência de um produto por parte dos compradores-alvo, envolvendo a informação sobre sua configuração, as necessidades que ele potencialmente satisfaz e de que modo atende a essas necessidades. Por consequência, a promoção busca convencer ou estimular os compradores potenciais à experimentação.

O esforço promocional, desse modo, é orientado para a comunicação ativa dos atributos e benefícios de um produto ao mercado-alvo pretendido. A utilização ou não de propaganda, publicidade, promoção de vendas, *merchandising* (promoção no ponto de venda) ou força de vendas, de que forma e em que medida, é uma questão — e decisão — condicionada à natureza do produto e à estratégia ou objetivos da organização ofertante. Esses elementos constituem o **composto promocional**, cuja composição variará conforme o estágio do processo de decisão de compra (conscientização, interesse, desejo ou ação), o tipo de produto, a estratégia global da organização e a disponibilidade orçamentária para promoção.

5.9.2 Composto promocional

A promoção, como esforço de comunicação, pode ser realizada por diferentes métodos ou meios e pela conjugação deles. A combinação desses meios de promoção, ou composto promocional, é o resultado de decisões de gestão, considerando aspectos como imagem e posicionamento pretendidos, produto e mercado-alvo. Sinteticamente, os elementos do composto promocional são descritos a seguir.

- **Propaganda** — comunicação de natureza persuasiva veiculada em meios de comunicação (rádio, revista, TV etc.) e paga, cujo formato e conteúdo foram definidos pelo anunciante. O profissional relacionado com a propaganda é o publicitário. Exemplo: um anúncio na contracapa da revista *Veja* ou, ainda, a inserção de um anúncio no intervalo ou mesmo dentro da programação de uma rede de TV (imaginemos, para ilustrar, a operadora de telefonia celular Claro em um espaço no programa *Domingão do Faustão*).

- **Publicidade** ou **Relações Públicas** — comunicação veiculada nos meios de comunicação, não paga, com a natureza de informação sobre produtos ou organizações, cujos formatos e conteúdos, em geral, não sofrem ingerência importante do ofertante do produto ou da organização mencionada. Quem atua em publicidade é denominado profissional de Relações Públicas. Um exemplo são as críticas, quando dos lançamentos de filmes e resenhas a respeito de novos livros, efetuadas costumeiramente na mídia impressa. Tais críticas e resenhas, por um lado, dão publicidade ao produto, mas não se garante que os comentários sejam favoráveis à aquisição do objeto do comentário. Um segmento específico das Relações Públicas é o relacionamento da organização com a imprensa de maneira geral. Nesse caso, o profissional adequado é um jornalista, com a função de assessor de imprensa.
- **Merchandising** ou ***trade marketing*** — comunicação e promoção de vendas do produtor no ponto de venda, por meio de cartazes, *displays*, *wobblers*, práticas de degustação e demonstração, podendo-se incluir técnicas de disposição e exposição do produto, influenciando diretamente a percepção do consumidor e a decisão de compra. Mais recentemente, costuma-se utilizar a expressão *trade marketing* em substituição a merchandising, dada a utilização errônea desta última, muitas vezes confundida com propaganda inserida em novelas e programas de TV.
- **Promoção de vendas** — estímulo ou motivação adicional ao consumo durante determinado período, provocados pelo produtor, com o objetivo de aumento rápido no nível de vendas. Em geral, ocorre na forma de descontos, adição de brindes ou outro tipo de ampliação de benefício ou redução de preço. As liquidações de início de ano são exemplos característicos da promoção de vendas. Outro exemplo é a degustação, em supermercados, de novas marcas de alimentos, levando o consumidor a adquirir a nova marca ou produto.
- **Força de vendas** — comunicação sobre características, funcionalidade, tipo de solução oferecida e demais atributos, feita de forma pessoal por profissionais capacitados para essa tarefa. Esse tipo de comunicação é associado a produtos cujos preços e valores justifiquem tal abordagem, que, embora mais focalizada, técnica e persuasiva, envolve maiores custos.
- **Marketing direto** — estratégia e ação de promoção (mas principalmente de venda) por meio de comunicação direta entre ofertante e comprador potencial, utilizando-se venda pessoal ou veículos como mala direta e telemarketing.

5.9.3 Decisões na comunicação

A promoção, como uma das variáveis do *composto de marketing* e principal dimensão de contato com o *mercado-alvo* gerenciável pela organização ofertante, garante a ligação e a consistência entre esses dois componentes da estratégia de marketing. Considerando que, operacionalmente, a promoção se dá por meio da comunicação realizada e que a percepção de valor do comprador-alvo é influenciada de forma decisiva pela comunicação, aspectos como imagem a ser construída, objetivos a serem atingidos com a comunicação, elaboração da mensagem e escolha de canais de comunicação são decisões cruciais para o negócio.

Dessa forma, uma proposta de valor adequada e competentemente desenvolvida quanto a produto, preço e distribuição pode não alcançar o resultado objetivado, mesmo sendo admitida *a priori* como de interesse e de valor para uma significativa parcela do mercado potencial, se a promoção (esforços de comunicação aos clientes sobre o que é o produto, que necessidades ele satisfaz e como ele satisfaz essas necessidades) não for suficientemente eficaz na construção de uma compreensão e de uma percepção positiva e favorável dos consumidores em relação ao produto. A promoção ocupa, assim, uma posição de responsabilidade fundamental no desenvolvimento da perspectiva de valor por parte do mercado.

5.9.4 Mix de comunicação de marketing

Mix de comunicação: resulta de avaliação, análise e decisão sobre a utilização, — de que forma e em que medida, — de ferramentas, como propaganda, promoção de vendas, publicidade e vendas pessoais.

O **mix de comunicação** de marketing ou composto de comunicação é o resultado da combinação dos elementos de comunicação a serem conjugadamente desenvolvidos. Desse modo, resulta de avaliação, análise e decisão sobre a utilização — de que forma e em que medida — de ferramentas, como propaganda, promoção de vendas, publicidade e vendas pessoais. Essa decisão (ou conjunto de decisões conjugadas) deve ser examinada com base em condicionantes ligados às características do mercado, do produto, à estratégia de comunicação adotada e às restrições orçamentárias. A seguir, são analisadas as associações entre cada um desses fatores e o mix de comunicação.

- **Mercado e mix de comunicação** — a dimensão do mercado, a dispersão ou concentração do público-alvo e as características dos clientes constituem informações essenciais na opção por um mix de comunicação. Quanto maior o tamanho do mercado, por exemplo, maior será a dificuldade para a utilização de vendas pessoais e maior a inclinação para uma comunicação de maior penetração. Vendas pessoais, no entanto, podem ser uma alternativa para públicos-alvo relativamente concentrados. Em qualquer caso, a adequada identificação dos clientes — pelo reconhecimento de suas características — pode propiciar orientação para comunicações mais eficazes.

- **Produto e mix de comunicação** — a configuração do produto fornece importantes informações de referência para a comunicação. Produtos inovadores dependem de mensagens e mídia que estimulem o mercado-alvo pretendido à experimentação. Extensões de linha, em contrapartida, sugerem a utilização de ferramentas que propiciem o reconhecimento de benefícios dirigidos a dado público. Bens e serviços, por exemplo, podem conduzir a diferentes formas de comunicação em função de seus atributos de natureza. Bens de especialidade, como artigos de luxo (joias, perfumes, bolsas etc.), dificilmente seriam compatíveis com as estratégias de comunicação de bens de conveniência (chocolate e revistas, por exemplo).
- **Estratégia e mix de comunicação** — duas orientações estratégicas básicas de comunicação podem ser consideradas: pressão (*push* ou empurrar) e tração (*pull* ou puxar). A **estratégia de empurrar** consiste em estimular e/ou motivar os canais a desenvolver esforços de comunicação, por meio de incentivos e fatores de facilitação para esses agentes. A **estratégia de puxar** utiliza-se de comunicação focalizada e dirigida para o consumidor final, promovendo a demanda pelo produto como resultado da ação do mercado. Essas estratégias não são, por si só, mutuamente excludentes, sendo possível — não raro — a utilização de ambas, em geral com maior ênfase em uma delas.

> **Estratégia de empurrar:** consiste em estimular e/ou motivar os canais a desenvolverem esforços de comunicação, por meio de incentivos e fatores de facilitação para esses agentes.

> **Estratégia de puxar:** utiliza-se de comunicação focalizada e dirigida para o consumidor final, promovendo a demanda pelo produto como resultado da ação do mercado.

- **Orçamento e mix de comunicação** — a quantidade de recursos destinada ao composto de comunicação em geral é definida em função da utilização das ferramentas promocionais escolhidas e de sua combinação. Todavia, deve-se reconhecer que o processo é recursivo, ou seja, restrições orçamentárias condicionam e, por vezes, limitam a decisão do mix de comunicação. O orçamento é determinado por meio de critérios de referência para a decisão. Comumente, o valor é o resultado de um percentual sobre as vendas projetadas ou o somatório de valores fixados para cada unidade vendida, dada uma demanda projetada, ou em função dos investimentos da concorrência, ou dentro de dado limite de disponibilidade, ou, ainda, vinculado à estimativa de dispêndio associada ao cumprimento de determinado objetivo de comunicação.

5.10 gerenciamento do composto de marketing

O composto de marketing é, naturalmente, uma condição de oferta que estabelece a relação entre um ofertante e um mercado. Isso equivale a dizer que o conjunto de decisões quanto a produto, preço, distribuição e promoção condiciona e influencia a percepção do cliente e é condicionado pelas expectativas, informações e ações desse cliente em relação à proposta de valor. A compreensão desse processo e a administração de tal sistema estabelecido entre ofertante e mercado demandam esforço contínuo, pois todos os elementos indicados sofrem transformações com o tempo, modificando-se as relações, as percepções e os modelos de compreensão. Em outros termos, no tempo, instituições, economia, cultura, tecnologia, entre diversas outras forças sociais, modificam-se e influenciam consumidores e clientes, que — nesse mesmo processo histórico — alteram ou transformam comportamento, escala de valores e visão de mundo; simultaneamente, concorrentes, fornecedores, substitutos, organizações entrantes, acionistas, instituições financeiras, entre outros agentes, provocam, por suas operações e iniciativas, alterações de equilíbrio e necessidade de ajustes às demais entidades. Desse modo, as transformações naturais do ambiente, as alterações estruturais e conjunturais do mercado e as mudanças no comportamento e na percepção de valor do cliente demandam a atualização, ao longo do tempo, da gestão da proposta de valor e do composto de marketing.

A monitoração dos dados e informações do cliente, do mercado e do ambiente não é suficiente, mas absolutamente necessária à compreensão da dinâmica das mudanças e à construção de modelos de orientação de decisões e ações ou, em outras palavras, de estratégia. A funcionalidade e a estrutura desses modelos, no entanto, não se conservam no tempo, determinando sua constante avaliação, aperfeiçoamento e validação ou abandono e elaboração de novos. O gerenciamento do composto de marketing incorpora esse processo como base para as decisões e ações que considerem ou influenciem produto, preço, distribuição e promoção. Afinal, essas quatro dimensões constituem, efetivamente, os vínculos de contato e relação entre ofertante e cliente, que ocorrem em um espaço comumente chamado de "mercado".

Propostas mais recentes, teoricamente consistentes, sugerem uma compreensão e uma gestão da estratégia de marketing baseadas em mais Ps (como *promise*, *people*, *picture* e *performance*). No marketing de serviços, já se encontram consagrados os "Ps" adicionais referentes a pessoas, processo e evidência física — *physical evidence* em inglês.

A rigor, não existem mudanças conceituais profundas ou alterações de paradigma, mas, sim, uma recomendação, mais abrangente e orientada para um gerenciamento da satisfação do cliente/consumidor, o que forneceria importantes *feedbacks* e informações de controle. O modelo utilizado pelo McDonald's, segundo o executivo Larry Light, em palestra em São Paulo, em 2003, considera o *promise* (*people — product — price — place — promotion*) e a *performance*. A arquitetura do modelo, reproduzida na Figura 5.9, sugere prioridade e encadeamento, como afirmou o executivo na apresentação.

Figura 5.9 Modelo de análise de marketing

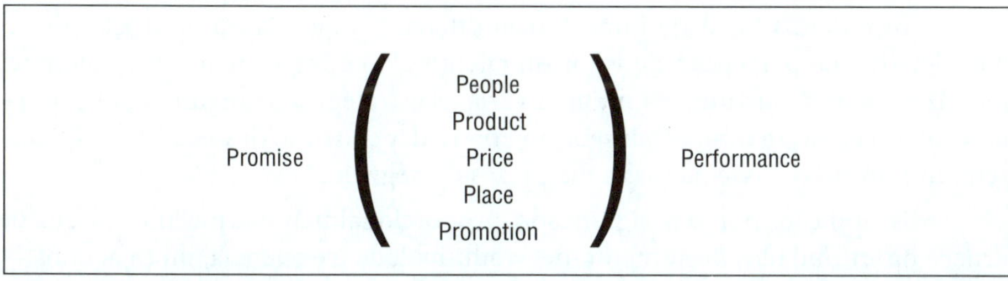

Fonte: elaborada pelos autores com base na palestra.

Independentemente do modelo adotado como base para análise, seu entendimento e monitoração do gerenciamento da estratégia de marketing e do composto de marketing é fundamental na gestão do negócio. Além disso, a validação e a aceitação dessa abordagem devem, necessariamente, ocorrer na confrontação com dados reais de mercado, na comparação efetiva com informações de resultado e na monitoração de indicadores de controle.

resumo

O composto de marketing, ou marketing mix, também chamado de os 4 Ps, classifica as características mercadológicas de um bem ou serviço em quatro componentes: produto, preço, praça e promoção. Essas características devem ser formuladas e implementadas para adequar-se ao máximo às demandas do público-alvo. Seu gerenciamento constitui o dia a dia dos profissionais de marketing e, acima de tudo, expressa operacionalmente a estratégia do produto.

O composto de marketing constitui, em um todo, o que o bem ou serviço representa para o consumidor e que está sendo oferecido pelo produtor.

Os fundamentos da gestão de marketing estão diretamente vinculados ao composto de marketing e à percepção de valor pelo mercado-alvo. Mercado-alvo e composto de marketing, quando analisados como base para a orientação estratégica de marketing de uma organização, são dimensões que interagem entre si e resultam de uma decisão conjugada de proposta de valor e ação. O composto de marketing também deve ser compreendido como a proposta de valor para o cliente, incluindo decisões de produto, preço, distribuição e promoção.

Produto é qualquer bem ou serviço que satisfaz uma necessidade específica do consumidor, tendo valor potencial de troca; pode ser entendido mais propriamente como um conjunto de atributos e resultados de consumo que satisfazem necessidades.

O conceito de categoria de produto, por sua vez, está associado a um conjunto de produtos que atendem a necessidades similares, possuem públicos-alvo sobrepostos e configuração semelhante ou comparável.

O preço ocupa lugar de importância diferencial na relação de troca, pois é fator decisivo na percepção de valor do cliente e no cumprimento dos objetivos organizacionais. Constitui, assim, uma variável estratégica da organização e, portanto, guarda relação direta com seus objetivos, dependendo de decisões de gestão e embutindo riscos, associados às incertezas de negócio.

A distribuição, por seu significado proporcionalmente crescente no custo, fornece oportunidades de aumento de produtividade e eficiência, ou seja, constitui-se em uma fonte potencial de criação de vantagens competitivas sustentáveis. A decisão sobre o projeto de canal atende à lógica de aumento de cobertura (regiões atingidas) e de capilaridade (PDVs atingidos), a qual está condicionado ao custo dessa operação e à receita prevista de vendas.

O esforço promocional é orientado para a comunicação ativa dos atributos e benefícios de um produto ao mercado-alvo pretendido. A promoção, como esforço de comunicação, pode ser realizada por diferentes métodos ou meios e pela conjugação destes. O mix de comunicação resulta de avaliação, análise e decisão sobre a utilização — de que forma e em que medida — de ferramentas, como propaganda, promoção de vendas, publicidade e vendas pessoais.

As transformações naturais do ambiente, as alterações estruturais e conjunturais do mercado e as mudanças no comportamento e na percepção de valor do cliente demandam a atualização, ao longo do tempo, da gestão da proposta de valor e do composto de marketing.

questões para revisão e discussão

1. Como se relacionam composto de marketing, estratégia de marketing e público-alvo? Defina os conceitos e proponha sua descrição para um produto de conveniência, como chocolates ou revistas.
2. O valor percebido pelo cliente pode ser entendido como o resultado de uma relação entre benefícios e custos associados a dada oferta. A oferta está vinculada intimamente ao composto de marketing. Relacione o efeito do composto de marketing na percepção de valor do cliente.
3. Proponha uma abordagem de valor para dado produto. Em seguida, identifique e discuta, ao menos, três benefícios e três componentes de custo para o cliente, sugerindo duas alternativas de aumento de valor para o mercado.

4. Descreva as quatro dimensões ou elementos componentes do composto de marketing e sua função na relação entre organização e mercado, assim como sua interação com variáveis ambientais.
5. Conceitue produto e sua função dentro do composto de marketing, bem como sua importância na percepção de valor dos clientes. De que modo o produto pode ser descrito como uma solução para o cliente?
6. Conceitue preço e sua função dentro do composto de marketing, assim como sua importância na percepção de valor dos clientes. Preço é necessariamente custo para o cliente ou pode, em alguma situação, estar associado a benefício?
7. Conceitue distribuição e sua função dentro do composto de marketing, bem como sua importância na percepção de valor dos clientes. Por que a distribuição é considerada um elemento de significativo potencial de geração de vantagens competitivas sustentáveis?
8. Conceitue promoção e sua função dentro do composto de marketing, assim como sua importância na percepção de valor dos clientes. O composto promocional pode incorporar diferentes ferramentas. Liste e descreva essas ferramentas; por fim, sugira situações em que o uso de cada uma delas não seria recomendável.
9. Compare as estratégias de pressão (push ou empurrar) e de tração (pull ou puxar).
10. Escolha uma empresa e analise seu composto de marketing.

referências

BENNETT, P. D. *Dictionary of marketing terms.* 2. ed. Chicago: American Marketing Association, 1995.

CHURCHILL, Gilbert A.; PETER, J. Paul. *Marketing*: criando valor para os clientes. São Paulo: Saraiva, 2000.

DRUCKER, Peter. *Introdução à administração*. São Paulo: Pioneira, 1991.

GRANDE, Paulo Campo. Poderio europeu. *Quatro Rodas*, São Paulo, p. 61, abr. 2002.

KOTLER, Philip. *Administração de marketing*: a edição do milênio. São Paulo: Prentice Hall, 2000.

McCARTHY, J. E. *Basic marketing*: a managerial approach. 12. ed. Homewood: Irwin, 1996.

PRIDE, W.; FERRELL, O. C. *Marketing*: concepts and strategies. Boston: Houghton Mifflin, 1997.

RIES, Al; TROUT, Jack. *Posicionamento*: como a mídia faz sua cabeça. São Paulo: Pioneira, 1989.

SAMPAIO, Rafael. *Propaganda de A a Z*. Rio de Janeiro: Campus, 1999.

TELLES, Renato. *B2B:* marketing empresarial. São Paulo: Saraiva, 2003.

Índice remissivo

E

F

G

I

L

M

N

O

P

Q

R

S

T

V